写给孩子的
社交课

王艳丽◎著

应急管理出版社
·北 京·

图书在版编目（CIP）数据

写给孩子的社交课/王艳丽著 . -- 北京：应急管理
出版社，2021

ISBN 978 - 7 - 5020 - 9198 - 9

Ⅰ.①写… Ⅱ.①王… Ⅲ.①心理交往—儿童读物
Ⅳ.①C912.11 - 49

中国版本图书馆 CIP 数据核字（2021）第 243805 号

写给孩子的社交课

著　　者	王艳丽
责任编辑	高红勤
封面设计	久品轩

出版发行　应急管理出版社（北京市朝阳区芍药居 35 号　100029）
电　　话　010 - 84657898（总编室）　010 - 84657880（读者服务部）
网　　址　www.cciph.com.cn
印　　刷　三河市金泰源印务有限公司
经　　销　全国新华书店

开　　本　710mm×1000mm$^1/_{16}$　印张　13$^1/_2$　字数　132 千字
版　　次　2021 年 12 月第 1 版　2021 年 12 月第 1 次印刷
社内编号　20210343　　　　　　定价　45.00 元

前言 Preface

　　有的孩子人缘好，在学校、家里都受人喜欢。有的孩子却人缘差，没有几个朋友，遇到什么问题总是孤立无援。

　　两者的差异，关键就在于社交力的不同。

　　孩子，你是属于前者，还是后者？

　　如果你属于前者，那不用我说，你肯定也知道社交的重要性。如果你属于后者，那就应该好好地阅读本书了。

　　对于每个孩子而言，社交都是很重要的一课。心理学家研究表明，社交力是孩子必须掌握的能力。一个具有良好社交力的孩子心理更成熟，个性发展更健全，未来的人际关系更好，甚至生活更幸福。与之相反，一个孩子若是不擅长社交，或是社交力差，那么长大后也无法与他人正常交往、和谐相处，甚至生活、事业都很难获得成功。

　　亲爱的孩子，虽然你年纪还小，但是务必要学会与人交往，培养和提升个人的社交力。你需要培养个人自信心，以积极主动的心态与人相处，结交朋友；你需要打开自己的心门，战胜拘谨胆小、害羞怕生、孤僻退缩，同时学会与不同的人打交道；你还需要掌握一些社交技巧，比如好好说话、有同理心、控制情绪等；当然，你还要学会如何解决冲突，如何保护自己不受欺负……

本书旨在培养孩子的社交能力，并且分析了孩子在社交生活中常见的一些问题或弊端，希望能帮助孩子及早发现自我，找到自信，改变不正确的社交态度和方式，从而尽早学会如何与人愉快地交往，更好地融入集体。

　　亲爱的孩子，在本书讲述的一些例子里，你可能会看到自己或是身边同学的影子。这将会给你一些有益的思考和借鉴。

　　良好的社交力不是天生的，而是通过后天不断地历练和提升形成的。亲爱的孩子，你一定要将书中的社交技巧应用于实践。只有学以致用，才能真正提升自己的社交力，建立良好的人际关系，成为受欢迎的孩子。

　　现在就开始实践吧！

目 录 Contents

第6课 脾气大，人缘差
——管住你的臭脾气，除了父母没人愿意一直忍你

第7课 从今以后，好好说话
——管理好自己的嘴巴，人间友爱全靠表达

第1课　孩子，你为什么独自玩耍

——我知道你也很想愉快地社交，
可是心理状态实在糟糕

我知道，你做梦都想愉快地社交。可是你为什么偏偏把自己的心关闭，总是不敢做出尝试呢？其实，事情真的没那么糟糕。只要你保持良好的心态，给自己信心和勇气，让自己积极起来，结果就会大不一样。

来自星星的你，是把自己关了禁闭

有这样一群孩子，他们像星星般纯净，却又像星星般冷漠。他们从来不爱热闹，也从来不觉得孤独。他们不愿意和人交流，更愿意待在自己的世界里。

我们给他们取了很美丽的名字——来自星星的孩子。

在很多人看来，这样的孩子是病了——行为奇怪，性格孤僻，很难交流。于是没人喜欢他们，没人愿意接触他们。可是他们有自己的爱好，有丰富的想象力，更想获得来自家人、师长、小伙伴的温暖。他们或许在数学、美术、音乐等方面有着极高的天赋，却只能借用自己才懂的方式来表达自己内心的想法。

这就是来自星星的孩子，虽然天真、有天赋，却很难走出自己的世界。

孩子，你年纪还小，对自闭症没有多少了解。

你在崩溃的时候，会郁闷地说："我自闭了。"你性格内向，对社交有一定的排斥和厌恶，会笃定地说："我得了自闭症！"

可是，如果你只是性格孤僻，不喜欢社交，一般不会是自闭症。然而若是你把自己关起来，拒绝和小伙伴交流，拒绝打开自己的心扉，那就有可能真的患上自闭症。

不信吗？我认识一个叫晶晶的女孩，一直跟着外婆长大，一年见不到爸爸妈妈几次。直到上幼儿园，晶晶才回到爸爸妈妈身边。这孩子的表现着实让人心疼。

图 1-1 "自闭"

因为从小和老人一起长大，晶晶性格内向、孤僻、胆小，尤其到了陌生环境后，情况变得更加严重。每天早上她都大哭不止，不愿和妈妈分开。老师问她问题，她都不愿意回答。别的小朋友高高兴兴地做游戏，她总是一个人待着，即便受到邀请也拒绝加入。其他小朋友在小花园玩，她从不参与，总是嚷嚷着要回家。虽然爸爸妈妈和老师总是鼓励、安慰她，可是效果似乎并不明显。

爸爸妈妈觉得孩子还小，长大就好了。可结果与他们所想的恰好相反，晶晶越来越孤僻，不交朋友，不参与集体活动，即便在家也很少说话，一放学就回到自己房间，然后关上门。

晶晶为什么这么孤僻呢?

孩子的自闭并非天生，而是存在于自己的内心和潜意识。很显然，这是后天造成的——从小缺少玩伴，交往范围相对狭窄，内心也相对封闭。后来她长大了，认为一个人的生活也很好，就更不愿意打开心扉了。

孩子，也许你认识不到，你的"自闭"真的是"假性的"，是来自你的内心。所以，不要把自己封闭起来，而是应该走出"自闭"，尝试着和同龄的小伙伴交往。

　　你并不孤独，这个世界也并不坏。打开自己的心扉，接受小伙伴的邀请，加入集体的游戏和活动，你便不再孤单和寂寞。

　　我曾看过一部电影，讲的就是一个来自星星的孩子。他从小就学习不好，成绩非常糟糕，甚至无法阅读。他成为大家眼里的奇怪孩子——笨拙、不善说话、学习糟糕。就连父母都嫌弃他，无奈把他送入特殊学校。

　　他是不幸的，却遇到了自己的幸运。一位美术老师发现了他的绘画天赋，并且了解了他的内心。在老师的启迪下，家长、学校的所有师生都开始关心、支持他。这让他打开了心扉，也让他获得了快乐和信心，最后在绘画上取得了成绩。

　　孩子，你身边有没有这样的小伙伴呢？若是你身边有这样的小伙伴，请不要嘲笑、排挤他，请给予他一些关爱和支持。

　　面对一些问题时，每个人都会产生各种各样的情绪。积极的情绪自然不必说，很容易让人快乐积极。如果是那些不好的情绪，则很容易让人失去信心，备感孤独和寂寞。这个时候，你若是把自己关起来，破罐子破摔，就会越发觉得自己什么都不好，没人爱。

　　所以，你要善于发泄自己的情绪，把不满、不快和大人、小伙伴讲，如此一来心理状态才不至于越来越糟糕，社交能力才会有所改善。

　　另外，不要总是一个人待着，要学着表达自己，尝试着与小伙伴多多交流。或许一开始你会遇到一些障碍，但请记住：每一次交流、冲突、玩耍都是学习社交的好机会。只要你开始了尝试，自然就可以打开心扉，不

再"自闭"。

说到底，你把自己关起来，不社交，不出门，这并非自闭症。或许你是性格孤僻，或许你心里有障碍，但你一定要相信，生活是美好的。你要勇敢地走出来。这一切都会归于美好！

社交恐惧，我知道你也不想这样的

孩子，如果比起孤独，你更怕社交，那么，这就是一个社交恐惧者的心理状态。

有的同学会问了："社交不就是与人交流、说话吗，我们每天不都是这样做的吗？这有什么可恐惧的呢？"

然而这是真的，一些孩子就是对社交存在着恐惧。我就认识这样一个孩子，他害怕与身旁的大人、小伙伴交往，会不自觉地回避与身边人的寒暄，对于集体活动也没什么兴趣。他喜欢一个人待着，经常一整天不出门。他非常畏惧见人，特别是一到人多的地方就会紧张、出汗、焦虑。他的内心非常敏感，刻意与人保持着距离。一旦有人想要靠近，他立即就会进入紧张的戒备状态……

虽然他和其他同学一样上下学，来往于学校和家之间，可是他浑身写满了抗拒、纠结。他偶尔也想和小伙伴一起玩耍，然而当面对他人的一举一动时，他的心理活动就多了起来：×××的一个眼神是什么意思？×××的那句话又是什么意思？是不是我做错了什么？还是我说了什么不合适的话？

这样的感受被无限放大，让他变得越来越不安、焦虑，害怕别人不喜欢自己。他越是害怕，就越是不自信，越是不自信，就越是恐惧。最后，他感觉和人说话都是一种煎熬，就更少与小伙伴来往了。

　　这夸张吗？不。如果你是外向的、善于交际的人，你是无法体会到这种恐惧与焦虑的。因为对于你来说，社交就简单地如同吃饭、喝水，甚至说是一种享受。可是如果你也恐惧社交，那么你就会感同身受。

　　其实，没有哪个孩子真的讨厌社交，就好像没有哪个孩子讨厌糖果和玩耍。

图1-2　社交恐惧

我知道你很想愉快地社交，可无奈心理状态实在糟糕。事实上，你并不讨厌社交，你只是害怕社交。

你非常渴望加入小伙伴的游戏、讨论，可是你总是缺少勇气。

你渴望和身边的人交谈，包括朋友、亲人、老师、同学，可是你往往把组织好的言语又咽了回去。

你害怕尴尬，不敢与人对视，会紧张，会脸红。

你在公众场合会不安，害怕别人注意自己，担心自己做错事，错话。

…………

一些正常人做起来非常轻松的事情，对于你来说却非常艰难。只有你自己知道，自己的内心是多么焦虑不安，自己是多么羡慕那些在社交中游刃有余的人。

可是你不知道，社交恐惧并不是天生的，也不是永远不能克服的。只要有了正确的方法，你就可以拥有更好的生活，获得很大的改变。

也许每个人都有或多或少的社交恐惧，但是你不应该让它影响你与他人的交往，甚至妨碍你的学习和生活。你可以喜欢一个人待着，可若是仅仅因为恐惧社交就逃避众人，那就应该做出改变了。

你不必强迫自己天天社交，也不必强迫自己如外向者那样说笑自如，可是你必须具有社交的能力，以及积极的社交态度。

人是社会性动物，不可能独立于社会而存在。如果你从小就太孤僻离群，长大后就容易社交恐惧，渐渐丧失社交功能，语言能力、表达能力也会慢慢衰退，心态更会越来越消极。

孩子，我知道你紧张、焦虑，可是你必须多与小伙伴交往，经常练习与他人合作，友好相处。只有这样，你才能走出不敢社交的阴影。

但是，你并不一定非要逼着自己去熟悉，去面对。或许你认为逼自己多参加几次社交，就能慢慢改善恐惧的心理。但实际上，这只会让你更加不相信自己，产生更深的挫败感。因为恐惧，你会一边回避与人交流，一边又强迫自己。但是，这样一来你内心的纠结和焦虑就进一步加剧，从而导致自我感觉更差，变得更加抗拒和回避。

社交恐惧的最大敌人是自卑。这容易让你对陌生人、陌生环境产生紧张的情绪。如果你还不能调动社交的积极性，最好先和熟悉的小伙伴接触、来往。最起码，面对这些人时你不会太抗拒、太恐惧。

此外，你不要把自己的内心隐藏起来，拒绝和防御每一个想靠近你的人。很多时候，你的抗拒和防御会让自己陷入孤独，本来想走上前去与他人攀谈，却止住了前进的脚步，然后慢慢地恐惧与人交往。

每个孩子都是单纯的，你也是。开心地与小伙伴交往，真心地交朋友，难道不快乐吗？

见到异性同学就脸红，其实这是一种病

孩子在小时候都没有什么性别概念，喜欢和小伙伴愉快地玩耍，不管是男生，还是女生。

但是，稍微长大一点儿，一些孩子面对异性就没有那么自如了。和异性同学说话会紧张、脸红，害怕和他/她目光的接触。就算是以前玩得很好的小伙伴、同桌，也开始刻意地回避，不再一起写作业、玩耍和沟通。

孩子，你知道吗，这可能得了"异性恐惧症"。它属于社交恐惧症的一种，见到异性就脸红，这是一个明显的特征。

图 1-3 "异性恐惧症"

回想一下，你是否有这样的行为：

和同性小伙伴交流时自信张扬、谈笑风生，但是每当和异性接触，说话就变得磕磕巴巴，甚至成了哑巴。

一看见异性同龄人向自己走来就紧张、脸红、流汗。

和异性同学说话，连对视的勇气都没有。

害怕和异性同龄人一起吃饭、开会、交流，很容易害羞、紧张、焦虑……

以上这些行为你若是全都"中招"，那很不幸地告诉你：你真的得了异性恐惧症。

其实，"异性恐惧症"是一种病。如果你没有办法克服，那么在生活中就真的很难愉快地社交，更难轻松地学习。

小巧就是这样。她是个活泼开朗的女孩，从小就有很多朋友，不管是男生还是女生。她还有一个要好的邻居，比她大一岁的小哥哥。两个人从小玩到大，一起上学，一起放学。

因为是男生，又比小巧大一岁，邻居小哥哥始终都罩着她。这让其他孩子都不敢招惹小巧。可到了 12 岁后，小巧开始疏远小哥哥了。小巧不再和小哥哥一起玩，不再和他有说有笑，有时远远地看到他还刻意地躲开。

一天，小巧放学回家。邻居小哥哥从后面追上来，习惯性地把手搭在了小巧的肩膀上，说："小巧，我们一起回家。"

小巧吓了一跳，惊讶地说："呀，是你啊！我……我被你吓了一跳。我……还有……事情，你先……回家吧！"说完，小巧转身就走进了街边的小超市。等邻居小哥哥走远，她才出来，然后一个人飞奔回家。

小巧也很困惑，不知道为什么见到小哥哥就紧张、害怕，之前的好朋友关系好像就不曾存在一样。其实，小巧的内心很纠结和矛盾，一方面想和小哥哥保持良好的关系，另一方面却不知道怎么做。

这还不算什么。小巧在和异性同学相处时，情绪就变得更加焦虑不安。即使与异性交谈，她也会面红耳赤，言语不清。

想象一下，当一个小哥哥或异性同学从对面走来时，你对着他一个字都说不出来，还满脸通红，这是怎样一种尴尬的感觉呀！久而久之，小巧变得越来越敏感，很少参加集体活动，也不再向异性同学伸出友谊之手。

实际上，很多孩子的异性恐惧并非天生，也非性格所致，只是因为进入青春期后，没有得到正确的引导。小巧就属于这种情况，因为进入青春期后产生了"性意识"，可又不了解性知识，这才产生了异性恐惧，不知道如何和异性交往。

所以说，异性恐惧也没有那么可怕，你完全可以想办法克服这个问题。

第一，从心理上来看，每个处于青春期的孩子都充满兴奋、烦恼、困惑和焦躁。

你可能对异性同龄人有好奇心，想接触，却又不知道如何接触。这个时候，你应该多参加集体活动，积极主动，正确地认识异性，而不是一味地逃避。

第二，孩子的身心是不断成长的。随着年龄的增长，你的心智会逐渐成熟，对于异性、性知识会有正确的认识。所以，等你上了高中或大学，你的异性恐惧就会消失，不再影响和异性的正常交往。

所以，你没必要否定自己，也没有必要为此焦虑。只要你能正视自己，并顺其自然就可以了。

第三，当然不要忘记，若是你的恐惧和焦虑过度了，那就应该重视起来。

你可以尝试脱敏疗法，告诉自己，勇敢地正视异性的目光。你可以拿着异性的照片，或是与比较熟悉的异性练习陌生拜访与沟通。你可以给自己积极的暗示，对自己说："我可以。""我能行。"

别听爸妈吓唬，外面坏人没有那么多

"现在外面坏人多，你不要老往外面跑，知道吗？放学就立刻回家！""外面有坏人，你不能一个人外出玩！"

对于这样的话，你是不是很熟悉？然后，你就真的以为外面有很多坏人，不再敢一个人外出，不再敢和陌生人说一句话。若是真的如此，你就是中了爸妈的"毒"了。

诚然，爸妈是为了你的安全考虑，避免你遇到什么危险。这是爸妈爱你的表现。可是，你应该知道，你需要成长，需要适应环境，与人社交。若是整天因为害怕遇到坏人而待在房间里，又怎么有机会去接触这个社会呢？

每个人都是社会人，不是自己一个人独自成长就可以的。不接触这个社会，就不会与人交往，就失去了自我锻炼、磨炼的机会，长大后就很可能无法承受外界的压力。

你是十几岁的孩子，认知能力十分有限，不像大人那样心理成熟。正是因为这样，你更需要走出家门，培养自己的社交力，而不是每天把自己关起来，永远生活在爸妈的"羽翼"下。如果是这样，你永远也看不到外面的精彩世界，更别说了解社会的美、丑、善、恶了。

我认识一个男孩，他缺乏独立性，习惯依赖父母，胆子很小。可是这一切都不是天生的，而是源于他爸妈的"吓唬"。小时候，爸妈时常对他说："你还小，不能总往外面跑。因为外面都是抢孩子的坏人，专门对你这样的孩子下手。""你不能一个人外出，外面都是坏人，你会遇到危险!"……

看到爸妈紧张的模样,他从好奇到有些将信将疑,最后真的害怕外出了。他每天除了上学放学,几乎足不出户。他心里想:"这样待在家里,我应该就不会遇到坏人了吧!"

是的,他是安全了,也失去了接触社会、交朋友的机会。他把自己封闭在狭小的世界里。他不会与人交流,即便内心再想与人亲近,也不知道如何去做,甚至不敢去做。尤其是一到陌生环境,或接触陌生人,他便心生恐惧,焦躁不安,一心想要退缩。

更为重要的是,他发现自己有了疑心病,时常怀疑这个人是坏人,或者那个人可能对自己有所图。他变成了一个孤独的人,没有朋友,没有同伴。

图1-4 过度恐慌导致的"社交屏障"

亲爱的孩子，不要把问题想得太糟糕，更不要被爸妈"外面坏人多"的说法吓到。你要勇敢地走出家门，大胆地独自玩耍，愉快地与别人交往。只有这样，你才会变得独立勇敢，善于社交。

当然，你还需要注意几个事项，相信它们会给予你更好的帮助！

第一，你需要独立和勇敢，独自去体验这个社会，勇敢地去和同龄人玩耍。

如果你总是担心外面有坏人，什么也不敢去做，什么时候都离不开爸妈，慢慢地，独立、自信、勇敢、乐观、大方等优良的特质就会远离你。如果爸妈不在身边，你就会不知所措，无法掌控自己，更无法做任何事情。

第二，那些受人喜欢的孩子都具有高情商，能与所有人友好、愉快地交流。他们不多疑，不孤僻，不逃避。

所以，你要相信世界上还是好人多。你要学会愉快地与人交往，并且学会爱自己，爱身边的每一个人。只要你变得积极友爱，这个世界就会用温暖回报你。

第三，你要学会独立，尝试离开父母，一个人做一些力所能及的事情。比如独自上下学、外出就餐、乘车、与同伴外出旅行、参加夏令营……你的一次次尝试，会一点点增强你的自信心和勇气，同时社交的次数多了，能力自然会有所提升，心理状态自然也就会发生转变。

第四，当然，你也需要提高警惕，学会保护自己的人身安全。虽然外面没那么多的坏人，但是并不代表没有坏人。平时你要守住自己的原则和边界，不随便接受陌生人的东西，不随便吃陌生人给的食物。你可以客气但坚决地拒绝："谢谢！我不要！"然后走开。

不随便给陌生人帮忙，尤其是引路、搬东西。因为大人比孩子强壮，几乎不会向孩子求助。不要随便把自己的个人信息、父母信息、家庭住址、家庭情况等告诉陌生人。遇到危险也不要慌张，而是应该镇定地找周围的警察、大人帮忙。

你独自一人或是与同伴外出，不能做危险的事情，比如野外游泳、私自骑自行车或电动车、在马路上打闹等。很多意外的发生都是没有先兆的，只是由于人们一时的疏忽。

总之，爸妈是孩子最亲的人，可是关于"外面坏人很多"这句话你还是应该学会辨别。你既要提高警惕，学会保护自己的安全，同时也要大胆地走出去，多与人社交，勇敢地尝试独立，才不会"因噎废食"！

也许家庭让你淡漠人情，请你温暖起来好吗？

每个孩子都想快乐地生活，高兴地上学，愉快地交朋友，时常和父母撒个娇。可不是每个孩子都能如此，有的孩子性格孤僻，不愿与任何人交流，对任何人都冷冷的。有的孩子性情冷漠，不感恩父母，不友爱同学，不关心任何人。

这个孩子可能是你的同学，是你的朋友，也可能是你自己。

其实，他们也不想这样，甚至讨厌这样的自己。然而，矛盾的是，他们仍关闭自己的心扉，压抑着自己的情感。

很简单，他们曾经受到过很多伤害，怨恨这个世界。他们启动了自我防御机制，就像刺猬一样，刺伤了每个想要亲近自己的人，或者像一块冷冰冰的石头，仿佛任何人都与自己无关。结果呢？他们不幸福，内心的痛苦和生活的不幸也纠缠着他们。他们小小的年纪便承受着无法想象的压力，将来甚至还会让自己越陷越深。

而这一切都源于原生家庭，因为他们没享受过家庭给予的爱和温暖。

张爱玲是一位出色的女作家。你或许没有听说过她，毕竟她的作品不像曹文轩、杨红樱那样适合孩子。

我今天不说她的作品，就说一说她的故事、她的人生。

张爱玲是冰冷的、自私的、无爱的，对亲人、孩子、朋友无一例外。母亲病重，想见她一面，她只是寄去100元钱。她离开家乡时，甚至没和亲弟弟说，就一个人"潇洒"地走了。后来弟弟因为缺钱向她求助，她毫不犹豫地拒绝，分文不给。

对于孩子，她也是如此，从不亲昵，从不交心。就连牵手、拥抱，她几乎都没有给予孩子。

炎樱是张爱玲的朋友。两人可以说是无话不说的挚友。但是，当两人一个移居日本，一个前往美国后，竟然彻底断了联系。炎樱关心张爱玲，多次给她写信。张爱玲却始终冷漠以待，置之不理。

你是不是很震惊，感觉张爱玲就是一个"冰人"？没错，她的冷漠、无情，对人没有一丝的温度，对自己也是如此。可是，她也是一个可怜的人。她的冷漠、无情都源于她的家庭。正如她自己所说："你如果认识从前的我，也许会原谅现在的我。"

她只有4岁时，父母就离婚了，母亲远走英国。从此，她失去了母亲，从没有在母亲怀里撒过娇，从没有感受过母亲的关心。而父亲，则给予了她忽视、嫌弃、暴力、软禁。

在童年时期，她看不见爱，感觉不到爱，所以她不知道什么是爱，也不懂得如何去爱。这也导致了她的人生悲剧。虽然她才华横溢，却是不幸的。她自闭孤独，内心痛苦。因为她走不出阴影，看不到阳光，内心是消极的，行为也是负面的。

我们可以理解她，但是不赞成她的选择。她所不知道的是，一个人即使被冷漠以待，但是，只要你学会在别人的冷漠中保护自己，义无反顾地转个身，阳光便会洒满全身。

所以，我要和你说的是，只有爱才能融化冰冷，只有温暖才能抵消冷漠。这个世界有许多事物会让你感到美好和温暖，有许多人充满爱心。只要你向着爱和温暖这个方向迈出一步，就可以吸引更多爱和温暖。

也许你的家庭没有给你爱，也许你受了很多伤，吃了很多苦。但是，只要你的心是温暖的，只要你愿意努力救赎自己、改变自己，终究会拥抱爱和温暖。爱和温暖终究会紧紧地包围着你。这个时候，你便是幸运的。你就会感到内心充盈，生活幸福。

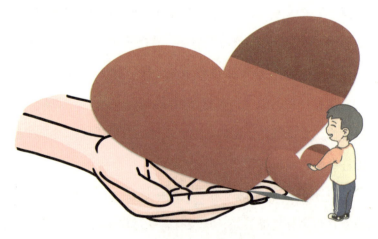

图1-5 付出爱，才能收获温暖

所以，亲爱的孩子，我希望你能够给予身边的人以关爱和温暖，因为你也会得到别人给予的关爱和温暖。

　　第一，你已经慢慢长大，应该学会爱。

　　爱与被爱，是一种本领。就像你小时候学走路，开始时跌跌撞撞，渐渐地就会变得健步如飞。爱自己，爱别人，你不仅温暖了周围的人，更救赎了自己。

　　第二，家庭是你无法选择的，但是，生活是你可以主宰的。

　　你的父母脾气暴躁，从未给予你温暖。你的家庭不幸，从未让你感受到爱和关怀。你悲伤、难过，可是抱怨没有任何作用，逃避也只能让你的生活越来越糟。我希望你明白，努力让自己快乐，转身面向阳光，阴影自然就会被你留在背后。我希望你能够从此做到，面朝阳光，不抱怨，不忧伤。

　　第三，虽然你没有被人关爱过，但是，这并不意味着你不值得被爱。这个世界，你是最棒的，是最与众不同的。只要你能够努力证明自己也值得被爱，自己一点儿都不比别人差，自己也能够给予别人关爱和温暖，你就会得到更多关爱和温暖。

　　第四，只有懂得给予别人关爱和温暖的人，才能获得快乐和幸福。

　　这个世界是一个巨大的回音壁，你付出一份关爱，也会收获别人给予你的关爱。孩子，我愿你不管任何时候都能保持初心，心怀关爱、美好和希望，更愿你被这个世界温暖以待。

第2课　内向怕生，不是天煞孤星

——性格内向并非生命缺陷，别给自己贴上孤独标签

内向只是一种性格。虽然你性格内向，但是你的生命并没有缺陷，你的人生不会孤独。你并不需要改变天性，非要让自己成为外向的孩子。好好地发现内向性格的一些社交优势，好好地享受内向性格的一些馈赠，你就可以更好地社交。

内向，也有得天独厚的社交影响力

性格，决定了一个孩子的社交力。

对于内向的孩子来说，最担心的是自己不善言谈、安静沉闷，进而导致身边没有一个要好的朋友。可是谁告诉你，性格内向的你就没有小伙伴愿意和你交流，就意味着总是孤单一人？谁又告诉你，性格内向的你就一定会比性格外向的小伙伴人缘差、不受欢迎呢？

的确，在同龄人中你不善言谈、喜欢安静、慢热，但这并不是什么缺陷。只要你有社交欲望，希望和人交流、交朋友，那就没有什么问题。

请回忆一下，在日常生活中你有过类似的消极思想和行为吗？诸如不喜欢和任何小伙伴说话，抗拒参加集体活动，与同学或老师说话就心跳加快或是脸上的汗珠不知道什么时候就冒出来……若是都没有的话，你还担心什么呢？

你只是性格内向，对于外在刺激的需求程度不同，处理方式也有所不同。外向的孩子，活泼开朗，往往选择积极、激烈、冒险的方式来社交，而你则是喜欢选择安静、适当、淡定的方式来社交。

可以说，好人缘永远都不是外向孩子才能拥有的专利，内向的孩子同样具有良好的社交力以及独特的魅力。更甚者，在很多场合内向者往往比外向者更具有优势。

有个小哥哥性格内向，惧怕在人多的地方讲话，不善于应付攻击性的言辞。可是，他却被选入学校辩论队，参加与外校的辩论大赛。这让很多人不理解，并且提出了这样的疑问："一个不善言辞、性格内向的人也能辩

图 2-1 无论内向还是外向都能拥有良好社交力

论吗?"

比赛的结果出乎意料。对手性格张扬，滔滔不绝地发表自己的论点，言辞犀利，让小哥哥的队友有些招架不住。

好在，小哥哥发挥了性格优势，在关键时刻淡定自若，寻找对方逻辑的漏洞，化解了对方的咄咄逼问。之后，小哥哥不紧不慢地阐述观点，既温和又坚毅，最终让对方停止了自顾自的演说。

我也见过这个小哥哥。他虽然内向、话少，表面上不善交际、拒人千里之外，但是他贵在真诚、善解人意，且说话不啰唆、善于倾听。因此他比那些活泼、话多、爱交际的人更受人欢迎。

可见，有理不在声高。内向型的人，凭借沉稳、淡定、温柔且无比坚定的说话风格就可以征服众人，包括对手。

有一个女孩，性格特别内向，不爱说话，喜欢一个人看书、听音乐。她并不怎么努力去社交。如果小伙伴不主动和她说话，她几乎很少说话。可是，她并不缺少朋友，还很受同学和小伙伴的欢迎。

因为这个女孩是内敛、敏感的，总是能理解别人，温柔地对待别人。哪个小伙伴心情不好，她总是第一个发现，然后及时地给予关心和安慰。哪个小伙伴有烦心事，她总是耐心地倾听，做一个好听众。和同学讨论问题，她不张扬，不夸夸其谈，总是几句话表明观点，却切中要害……

她不用多说话，就可以交很多朋友。这就是内向型孩子的天赋和独特魅力。

因此，内向一直都不是贬义词，内向型性格也不是生命的缺陷。你千万不要给自己贴上"孤独""不善交际"的标签。只要你好好地审视自己，就会发现自己身上也有很多性格优势，比如做事专注、喜欢思考、温柔、稳重、内敛、善于倾听……

这一切都是外向型孩子求之不得的。

当然，若是你过于内向，和别人的交流就会受到阻碍，导致身旁的朋友越来越少。所以，你需要提高自己的社交力，让自己越来越受欢迎。

第一，性格内向的你很多时候会外冷内热，虽然内心很想和别人交流，表现出来的行为却有些慢热、冷淡。

你无须改变自己的本性，只需要表达出自己想要与人交往的想法，主动和小伙伴说："我想加入你们。""我想和你交朋友。"你只要这样做了，便不会被人贴上"孤僻""清高"的标签。

第二，内向的孩子大多自我意识太强，认为自己可以过得很好，不需要过多的社交。

孩子，你可以不强迫自己去社交，但是不能总是一个人孤零零地待着，你还是需要做出改变。因为内向过度，社交就会出现障碍。

第三，虽然会说话并不等于会社交，但说话能力和说话技巧真的对与人交往有很大影响。所以你要学会好好说话，更好地表达自己，如此才让自己更受人欢迎。

你根本不用改变天性去迎合别人的心情

每个人都渴望被肯定、被喜欢，这本是人之常情。

可是，人不同，心各异，没有谁真的能够做到被所有的人喜欢。

然而，有的孩子就不这样想，他做梦都想让别人喜欢自己，若是发现小伙伴不喜欢自己身上的哪一点，就会忙不迭地去改变；若是发现自己有什么地方与其他小伙伴不同，也会立即努力去改变。

亲爱的孩子，如果你是这样的人，可千万要注意了。因为当你强迫自己改变的时候，你就不是你自己了。这种改变只是一时的，却会让你失去天性和快乐，还无法赢得他人的认可和喜欢。

更何况喜欢你的人，就是喜欢你的本性，你不必迎合；不喜欢的人，即便你改掉本性，恐怕也无法让他满意，何必要迎合？

所以，相信并做好自己，才是你最好的选择。下面这个故事能够使你更加明白这个道理。

有只小牛一出生就和小伙伴不一样。别的小牛腰间都有白色条纹，它却没有。于是，它成了小伙伴眼里的另类。这让它很自卑、很烦恼。

　　为了长出白色的条纹，小牛想尽了办法，在雪地里打滚，给自己腰间缠上白色带子，往身上撒白糖……可是始终没能成功。小牛很自卑，也被小伙伴们瞧不起。小牛生活得很不快乐。

　　在最近的一段时间，小牛和同伴们一起受到了邻居红背牛的欺负，不能吃肥嫩的鲜草，变得越来越瘦弱。一个偶然的机会，小牛趁着红背牛打瞌睡的时候偷偷地溜进那片长满丰茂的牧草的草场吃了个够……它越长越壮，还带领小伙伴打败了红背牛。

　　现在小牛的伙伴们与红背牛不再敌对，一起享受着丰美的牧草。小牛也成了牛群的大英雄，过上了幸福的生活。

　　这只小牛和别人是不同的，所以它自卑、消极，企图改变自己。然而，它就是它自己，是不可能改变的。后来它终于明白过来：只有接受自己，始终相信自己，并且不断地提升自己，才能快乐地生活和成长，并且变得越来越出色。

　　在我们的生活中，差异是普遍存在的。你可能和别人不一样：别人开朗大方，你内向腼腆；别人善于交际，你不善于说话……难道不一样就一定是坏事吗？

　　当然不是！

　　内向和外向，是性格特征方面的差异，根本没有好坏之分。善于社交和不善于社交，是能力方面的差异，无关优劣。

　　孩子，你可以欣赏外向者的开朗、善于交际，可以提高自己的社交能力，但不能认为个人身上那些敏感、腼腆、安静的特性就是缺陷，然后假装自己是一个外向者，试图改变自己的天性。

如此一来，你就不会快乐，更不会成功。

或许你会说："内向的人不讨喜，人人都喜欢外向的人，我又能怎么办呢？"

问题是，你为什么非要讨人喜欢，迎合别人的心情呢？

要知道，你所做的事情不可能让每个人喜欢，即便你为了讨好别人而丢失本性。很多时候，你努力了很久，结果却差强人意，你的努力也会让别人不待见。即便你变得外向，改变了自己最初的样子，也无法满足别人

图2-2　你无法取悦所有人

的心。更何况，即便他喜欢你了，喜欢的也是改变后的你。这个时候，你已经不是真实的你，那又有什么意义呢?

"江山易改，本性难移"，这是恒久不变的真理。孩子，你只需要做好自己，真的没有必要迎合别人，更不需要奢求人人喜欢。

第一，如果你是一个内向者，要学会接纳自己，正确地看待自己。

在社交中，最理想的状态是善于交际、健谈、左右逢源。若是你内向，就没必要伪装外向，非要强迫自己戴上面具侃侃而谈，然后在暗地里纠结、痛苦。

保持内向的安静、淡然，不过于热情却非常真诚，不侃侃而谈却三言两语切中要点，小伙伴们同样会喜欢你、接受你。

第二，任何人都有两面，这一面是劣势，另一面就是优势。

你是内向的人，不善于表达和交际，但是，这不是缺陷，更不代表你一无是处。你只要懂得把这些所谓劣势转换为自己的优势，比如说话抓重点、态度诚恳、善于倾听，便可以在社交中游刃有余。

第三，你需要知道：别人喜欢或不喜欢你，这不重要，关键是你喜欢你自己。别人相信或不相信你，这也不重要，关键是你相信你自己。

不管你是优秀还是平庸，不管你是内向还是外向，只要你喜欢和相信自己，然后按照自己的天性去发展、去努力，就可以成为出色的自己，就能够赢得小伙伴的肯定和青睐。

害羞是对的，别太害羞就好了

害羞，可以说是内向的代名词。你很羡慕性格开朗、大大咧咧的小朋友，无奈自己却是一个很容易害羞的人。

遇到陌生人，你总是会紧张，不能保持良好的状态，还不敢直视人家。你仅仅是被人看了几秒，就会感觉浑身的不自在。

在公共场合演讲，你会有一些恐惧，说话磕磕巴巴，手不知道放哪里，眼睛不知道看哪里，一旦和下面的人对视就立即躲闪。

站起来回答老师的提问，你总是感觉大家都看着你，生怕自己出错……

图 2-3 每个孩子都会害羞

你很苦恼，总是挣扎在矛盾中。你既想摆脱害羞，希望自己在小伙伴、老师、大人面前有说有笑、不拘束，又害怕与人交流。

其实，害羞没什么大不了的，这是孩子甚至大人都普遍具有的一种情绪。心理学家和儿童行为学家都认为，每个孩子小时候都容易害羞。孩子在家里的表现都是挺好的，有说有笑，活泼开朗，可一到外面就变了样，腼腆、不爱说话。而且，长大后，有三分之一左右的孩子仍然保持着害羞的性格，不是熟人的话就无法看到他那活泼的一面。

所以，孩子害羞是对的，尤其是在陌生的环境里进行社交，因为孩子还没有接触过外面的世界，对于一些未知的事物、陌生的人具有一些恐惧心理。若是一个几岁的孩子一点儿都不害羞，见到陌生人如大人般的成熟、老练，那么他不是智商极高，就是过于早熟，失去了该有的童真。这并非就是好事。

当然，这并不是说害羞就是值得称许的，也不是赞成你给自己贴上"害羞"的标签，然后不肯走出自己的世界。你优秀不优秀，或许与害羞并没有太大的关系。但若是你是一颗璀璨的珍珠，因为害羞而不敢展现自我，或是害怕走出"自我"的壳，那么你这颗珍珠即便是再晶莹美丽，也很难发出耀眼的光芒。

简单来说，害羞不能成为你的标签，也不能成为你的绊脚石。从另一个方面来说，若是你过于害羞，就很有可能会影响你性格和社交的发展，还可能让你成为被欺负、排挤的对象。

你有没有发现过一个问题，身边的小伙伴总是会用不同的方式对待不同的人。遇到那些友好、开朗、爱分享的孩子，他们总是会亲近他，喜欢和他一起玩，并且同样友好、和善地对待他。遇到那些性格霸道、自私、爱打人的孩子，他们会选择远离他，拒绝和他一起玩。而遇到那些容易害羞、总是喜欢一个人默默玩的孩子，虽然他不讨人厌，但他们并不会主动找他玩。而且，有些时候一些霸道的孩子还喜欢欺负他。

这也是为什么那些性格内向、容易害羞的孩子更容易成为被霸凌的对象的重要原因。

所以，你想要拥有好人缘，不被人欺负，很重要的一点就是：你不能太害羞，不能只是远远地看着小伙伴玩。下面的几点建议，希望能够帮到你。

第一，每个孩子都会经历一个容易害羞的阶段，见到陌生人或与很多小伙伴相处时容易紧张。要知道，这是心智发展的正常现象，并不能代表你就是性格内向、胆小的孩子。

所以，你不要急着给自己贴上负面的标签。因为你越是对自己说："我害羞，我不敢和陌生人说话……"你就会越消极，就会真的变得内向胆小。内向本来只是一种性格特征，但是标签贴得久了，就会成为一种缺点。

更何况每个人都有自己的性格特征，就算你真的内向、害羞，也没有必要非得逼着自己做出改变。因为一个人要违背自己的本性，真的很难，且很难成功。

第二，若是你真的害羞，且已经影响了正常的人际交往，那么你就需要做出努力了。你需要提高自己的社交力，锻炼自己的胆量和自信。比如你可以多参加集体活动，尝试着在课堂上多发言，多给自己积极自信的心理暗示……只要你经常进行这样的锻炼，时间久了你就可以在与人交往时谈笑风生、大方自如了。

第三，害羞的孩子往往敏感，比其他孩子想得多。所以，你要认识到一点：在逻辑能力、思维能力等方面，你可能有着一定的优势。

所以，你不要因害羞而自卑，而是要善于发挥你的优势。这样你就可以逐渐提高自己的社交能力，并赢得小伙伴的喜欢。

没有人不怕生，但你要学着去适应

问你一个问题："你是不是喜欢待在家里？是不是很怕看到陌生人？一遇到陌生人，就立刻变得局促不安，一心想要逃离？"

你怀疑自己得了社交恐惧症，担心自己越来越孤僻。可是，你真的了解社交恐惧症吗？

社交恐惧症是一种过分害怕外界的事物，害怕与人交往的心理状态，内心明知这种恐惧不合理，可依旧无法控制自己。你是这种情况吗？

不是，你只是怕生，不喜欢见陌生人，和陌生人交流会觉得别扭、不舒服。你喜欢社交，可以和小伙伴开心地玩耍，可以和熟人自如地打招呼、说笑。而且，对于陌生人，只要给你时间，你和他混熟了，那些紧张、恐惧、不安自然就不会再出现在你的身上。

承认吧！你不是社交恐惧，而是不够勇敢。

怕生，这是一种近乎本能的情绪反应。随便找一个小伙伴来问一问：谁不怕生呢？可是你却因为自卑、内向，就把怕生定义为社交恐惧，好给自己的不勇敢找个好借口，然后就纵容自己不再走出去见陌生人，不再去社交。这真的可取吗？不！

乔飞是一个处于青春期的孩子，比较敏感、内向，还有些肥胖。在学校里，他几乎不和小伙伴交流，和人面对面交流也缺乏自信，总是低着头，连和人对视几秒都做不到。他一直对别人说："我有社交恐惧症，我不善于社交，我只适合一个人待着……"

可原本他并非这样，只是有些内向、怕生而已。之前他有朋友，也可以和小伙伴高兴地玩耍。在家里和学校，他能参加各种活动，打球、聚餐、讨论问题。他只是不喜欢陌生的环境，见到陌生人就会紧张不安，容易脸红，说话也不如同熟人那般轻松自如。

这个时候，乔飞若是能学着去适应，勇敢地与陌生人接触、交流，完全可以有所进步，更好地进行社交。可是他本能地选择了逃避，拿"我有社交恐惧"的借口来安慰自己，结果只能是对社交越来越不感兴趣，也就更加没有勇气去接触更多的人。

现在的乔飞越来越敏感、犹豫，每天都在焦虑、恐惧和退缩的情绪中挣扎着。

说到底，大部分人的所谓"社交恐惧"都与自身的消极、不勇敢、懒惰有很大关系。怕生，你只要学着去适应，学着主动去说话、交流就可以了。只要你不强迫自己改变本性，那就应该勇敢地改变自己。有了改变，接触陌生人就不是什么难题，认识新的朋友也就容易多了。

诚然，我们常常会害怕一些东西，尤其是陌生的东西。其实这就是因为自己不够自信、不够勇敢。但是如果你一直都是这样的话，又如何让自己成长，又如何能够获得成功呢？

孩子，你性格内向，害怕接触陌生人，这很正常。然而，每个孩子都需要与他人交往，你接触的人或事不可能永远都是自己熟悉的。你要让自

我可能患上了"社交恐惧症"，不适合交朋友……

我认为你只是不够勇敢而已。给自己一点勇气，认识新朋友其实没那么难！

图 2-4　你只是不够勇敢

己变得勇敢一些，不断地接触新的人、新的事物、新的环境。可以肯定地说，你只要做到这些，你的社交力就能够获得不断地提高，你的生活也会越来越好。

第一，勇敢比消极更重要。

勇敢是一切的开始，是克服自卑、怕生的关键。你怕生，可能和性格有关，也可能和父母的教导有关。但不管怎样，你若是能勇敢一些，而不是消极地对自己说："我内向，我有社交恐惧。"结果就会好出百倍千倍。

第二，有句老话叫作"既来之则安之"，你需要用平常心对待陌生人和陌生环境。

你可以让自己微笑，因为你对别人微笑，别人就会对你微笑。虽然一张张微笑的脸依旧是陌生的，可是当你面对他们时，内心就不再紧张不安，就会变得轻松愉快。

你可以给自己肯定和鼓励，默默地对自己说："我今天打扮得很好看，可以让人喜欢我。""其实，别人也怕生，我应该主动些。""勇敢一点儿，只要迈出第一步就万事大吉了。"……

第三，不要轻易地给自己贴上"社交恐惧症"的标签，更不要只想待在自己的舒适区。很多孩子不善于社交，很大原因是不想做出改变，还用这些话语来安慰自己："怕生就怕生吧，我没必要接触太多的陌生人。只要一个人好好学习就可以了。""朋友有三两个就足够了，为什么勉强自己呢？""我提高了自己，别人自然就会喜欢我，何必费心费时地去社交？"……

这些借口即便别人相信了，你自己相信吗？

所以，亲爱的孩子，没有人不怕生，你不应该继续消极、退缩了，也不能继续纵容自己的不勇敢了。你要勇敢地迈出舒适区，带着自信的微笑，开始新的一天。

我也会怯场啊，但我有办法降服它

台下人来疯，台上怯生生。说的就是容易怯场的孩子。

很多孩子都会怯场，比如在公众面前说话、演讲，在舞台上表演，或是参加一些重要考试或比赛的时候，内心就会变得极度紧张不安。

或许此时你正拼命地点头，心里还说着："嗯嗯，我也容易怯场，这是为什么呢？""难道是我不大气，没见过世面吗？还是我太内向、胆小？所以这么容易怯场。"

说实在的，容易怯场的孩子，确实多是性格内向型。但是并非只有内向的孩子才会怯场，即便是最自信的演员也会有怯场的情况。

怯场，真的很普遍。

卡耐基是美国一位著名的演说家，也是一位出色的人际关系大师。他曾经说过，人类有十大恐惧，死亡排名第一，公众演说排名第二。

记得我上高中的时候，有一次上语文课，老师点名让我去讲台上朗读之前写过的一篇作文。听到这个消息，我的内心非常紧张。虽然我时常站起来回答问题，可是从来没有站在讲台上当着这么多同学的面讲话。

我把脸埋在作文本里，不敢抬头，不敢看同学们。这个时候，老师笑着说："你把脸贴作文本贴得那么近，能看到字吗？好在作文本没有缝，要是有的话，你恐怕就要钻进去了！"

听了这话，同学们都哈哈大笑起来。

老师接着说："你有什么可以紧张的呢？你是被表扬的那一个，应该'趾高气扬'地看着他们才对啊！"

听到老师这样说，我也在内心鼓励自己："是的，我是优秀的，所以老师才让我朗诵作文。我真的没必要紧张！""再说台下都是熟悉的同学，我有什么可紧张的呢？"

神奇的是，这样想之后，我真的不紧张了。我满怀情感地朗诵了自己的作文，也赢得了同学们雷鸣般的掌声。

之后，我也有很多次当众说话或演讲的机会，有时也会怯场和紧张，但我总是想办法战胜它。慢慢地，我就能应付自如了。

图2-5 战胜"怯场"

所以，你没有必要因为怯场而焦虑，甚至认为这是一个很大的缺陷。如果你有怯场的毛病，那就想办法找到原因，并且降服它！

第一，放松你的身体，尽量让心情放松起来，把紧张和恐惧的情绪从心里赶跑。

孩子，如果你在登台前怯场，不妨找个舒服的地方坐下来。若是你已经到了后台等待上场，那就干脆选择坐在地上。之后，你闭上眼睛，放松身体的每一个部位，什么都不要想。十几秒或是几分钟后，你就可以放松下来，心里就不再那么紧张了。

你还可以伸展一下胳膊、腿，然后大口大口地深呼吸几次。这也是减轻身体紧张的有效方法哦！

第二，你要尽可能地微笑。微笑是具有魔力的，可以让你的大脑摆脱焦虑、紧张、恐惧，使你的身心得到放松。微笑还可以让你变得越来越自信。你有了自信，紧张和恐惧的情绪自然就消失了。

　　事实上，很多人怯场就是因为内心的那份不自信。尤其是一些性格内向的孩子，总是觉得自己不行，认为自己可能会表现不好。所以，战胜怯场，你就必须树立自信，相信自己是最棒的。

　　第三，恰当地使用精神胜利法。你一定知道鲁迅笔下的阿Q。他有一个著名的"功绩"，那就是独创了精神胜利法。其实，当你怯场时也可以尝试着利用这一方法，告诉自己："没什么可怕的。""我是最棒的。"这样做真的很有效果。

　　卡耐基也曾告诫自己的学员："你要假设听众都欠你的钱，正要求你宽限几天。你是个神奇的债主，根本不用怕他们。"有了这个精神胜利法，那些怯场的演讲者都变得自信满满了。

　　第四，你不能太计较成败，不能太害怕出错。

　　墨菲定律告诉我们，你越是害怕什么就越容易发生什么。演讲或是表演前，你总是说："不能失败，不能失败。"那你失败的概率就越大。你总是说："不能出错，不能出错。"结果就越容易出错。

　　另外，你上台前千万不要和自己说："不紧张，不紧张。"因为这看似安慰和鼓励的话，更容易让你倍感压力，结果一上来就说："我叫不紧张。"

第3课 那谁，我们做朋友吧！

——别人家孩子不难接近，现在只差你自己推开心门

你觉得别人家孩子难以接近，其实是你的心门没有打开。自卑、胆怯等情绪始终跟随着你，你认为自己身上都是缺点，怕别人不喜欢自己，嫌弃自己。于是你不敢与人接触，不敢与小伙伴玩耍，甚至为了交朋友而一味地讨好别人。所以，你要打开心门，大胆地交朋友！这样一来，你的社交力就会越来越强，朋友也会越来越多。

别人看你挺好，你为什么把自己当草

一位国王十分喜欢花草，在自己的大花园里种了很多种花草树木，有玫瑰、兰花、丁香，有橡树、梧桐、葡萄藤等。花园很大很美，一点儿都不比城市的公园差。国王对花草很用心，每天都来看望、欣赏。当然，照料它们的工作自然是园丁的事情。

可是，有一天国王发现整个花园的花草竟然都枯萎了，只剩下丁香还在欣然绽放，摇曳生姿。国王很是生气，责怪园丁不尽责。园丁大喊冤枉："呜呜呜，我明明每天都尽心地照料，浇水、施肥、拔草啊！"

国王暂且相信了园丁，责令他必须查明原因，否则免不了受罚。园丁立即行动，到花园中查看，询问这些花草为什么枯萎。只见这些花草一个个耷拉着脑袋，向园丁述说自己的苦恼。

橡树说："我没有梧桐那样枝叶茂盛，活着也没有什么意思。"

梧桐说："我不能和葡萄藤一样结果子，国王肯定不喜欢我。"

葡萄藤说："人家丁香可以散发出沁人的香味，开出美丽的花朵，我真是自愧不如。"

兰花说："玫瑰多娇艳啊，还象征着爱情，受到所有年轻人的追捧。"

⋯⋯⋯⋯

园丁听了这些花草的话傻眼了，无奈地摇摇头。他回头看看丁香，问道："你是怎么想的？你怎么开得如此好看？"

丁香笑着说："我虽然算不上最美最香，可是我有自己的特色啊。我小巧可爱，散发着独特的香味。而且我知道国王养我，就是因为我不是橡树、葡萄藤或是兰花。他喜欢我，我为什么不好好地成长，努力绽放呢？"

听了丁香的话，所有花草都惭愧地低下了头。

孩子，你像谁呢？是和其他花草一样，经常对自己不满，觉得自己这里不好那里不好？还是和丁香一样，自信、积极，觉得自己是最好的，努力让自己变得更棒？

说实话，我希望你属于后者。

对于每个人来说，自信是最重要的。你或许有一些缺点和不足，你或许没别人聪明出色，可是你必须相信自己。因为只有大胆地做自己，才能成就最好的自己。相反，你时常对自己说："我什么都不好。""我很笨，什么都不会。""我成绩比不上×××，才艺比不上×××。"……你就真的

图 3-1　自信

越来越一无是处了。这个时候，你就会消失在人群中，没人拿你当回事，更没人关注你。

这一点都不奇怪！因为你自己都拿自己当作草，看不起自己，别人又怎么可能看好你、喜欢你呢？

一位西方哲人说，除了人格以外，人生最大的损失，莫过于失掉自信心了。我国古代的智者诸葛亮也说，不宜妄自菲薄。这些话都是在给予你告诫、警醒，提醒你要自信，要看好自己。

所以，你要明白，自信就是吸引力。你要学会看好自己，相信自己，不管什么时候都不能自我贬低、自我轻贱。当你自信满满的时候，身上的气场自然八丈高，周围的人自然而然地就会向你靠近。以下几种方法，可以帮你提高自信。

第一，接纳自己。不看好自己，源于你消极的内心。认为自己处处不行，是因为你不接纳真正的自己。

其实，每个人都不完美。比如你成绩好，或许体育不行；你语言有天赋，可是思维慢了些。接纳自己，完善自己，而不是拿自己的不足和别人的优势相比较。你只要能够做到这一点，结果就是美好的。

第二，你要时常对自己说："我已经足够好了。"与"我比不上人家""我为什么这样差劲"相比，"虽然我有一些不足，但已经做到足够好了"这样的话更容易让你得到鼓励，让你变得自信。

当然，这句话不是借口。但是，如果你明明放任自己的不足，不愿意努力，却告诉自己"已经足够好"，那你就真的堕落了。

第三，学会欣赏自己。我们总是会欣赏别人，却不懂得欣赏自己。这就是别人看你挺好，你却总是觉得自己一无是处的重要原因之一。

孩子，学会自我欣赏，你就会发现自己身上真的有很多优点，比如勇敢、善良、友善、理解力强、做事认真、够细心、不张扬……多得都数不过来。而这些都是你吸引人的特质，是你受欢迎的原因。

你不欣赏自己，别人又怎么欣赏你呢？

没有人嫌你家里穷，是你自己太多虑了

战国谋略家苏秦贫穷落魄时，妻子不把他当丈夫，父母不把他当儿子，嫂子不把他当亲人。后来，苏秦六国封相，衣锦还乡。妻子不敢正视他，侧着身子听他说话。父母大摆宴席，清扫街道来迎接他。嫂子则趴在地上向他请罪。

于是苏秦感叹道："一个人在贫穷时，连父母也不把他当儿子看待；等到他富贵了，就是亲戚也都害怕他。"

在大人的世界里，穷和富真的有天壤之别。你穷，没有人搭理；你富，无数人拥护。这就是所谓"嫌贫爱富"。所以大人们贫穷时消极、逃避，不敢与人交流，不敢和人结交，好像感觉自己低人一等。

大人的世界，也深深地影响了大部分的孩子。很多孩子对贫穷很敏感。家里经济条件不好，父母工作"不怎么样"，这些都让他产生了自卑情绪，在内心把自己与别人划分为不同的层次。

我曾问过一些孩子："你们的父母是做什么的？"一些孩子积极自豪地抢答："我爸爸是经理，我妈妈是医生。""我爸爸做生意，我家有一个超市。"一些人则蔫蔫的，在我的追问下才低着头小声地说："我爸爸是工人，

我妈妈没有工作。""我爸爸在餐馆打工，我妈妈是清洁工。"

犹豫、低头，不愿意介绍父母，不愿意多说一句话。态度很明显，他怕我或是周围人知道他家里穷，怕别人嫌弃自己寒酸，不愿意和自己接近。

我知道，孩子都爱面子，都有自尊心。尤其是穷孩子，自尊心更强，内心更敏感，生怕因为穷而被别人看不起。可是所有孩子都应该明白，家庭有贫富之分，工作有好坏之别，但人格没有。你越是对"穷"和"有钱"等词汇敏感，偷偷地考量和怀疑你的同学、你的伙伴是不是嫌弃你贫穷，是不是背地里嘲笑你寒酸，你就越自卑，就越觉得自己不配和别人玩。

不要忘了，最不尊重你的是你自己，最看不起你的也是你自己。

图3-2　"贫穷"可以是压力，也可以是动力

我很喜欢《少年说》这个节目，一些孩子虽然只有十几岁，但是他们真的很棒，有着好少年的精神面貌。孩子，如果你没有看过这个节目，我建议你不妨看看。

这个节目里有一个少年让我印象深刻。这个少年憨厚朴实，在所有同学和老师面前坦然地讲述自己妈妈的故事。她是一名外卖员，每天早出晚归，穿大街、过小巷，工作非常辛苦，工资却不是很高。

尽管妈妈辛苦忙碌，家里却依旧贫穷。尽管妈妈努力工作，可依然被很多人看不起，让很多人嫌弃。少年委屈地说："我的妈妈，她辛辛苦苦地工作，却得不到别人的尊重。"说到这些时，少年的眼里是心疼，是坦然，却没有一丝的犹豫、自卑、厌弃。

他说，自己的妈妈是伟大的。他以妈妈为骄傲，因为妈妈而自豪。他没有因为家里穷而感到自卑，没有因为妈妈工作"不起眼"而觉得丢人。

这样的少年多么可爱，这个少年的品质多么可贵！如果你是他的同学或小伙伴，你会远离他，嘲笑他，看不起他吗？我相信，你不会！事实也是如此，他站在高台上演讲，而台下那些同学、伙伴则用欣赏的眼光看着他，为他鼓掌，为他喝彩。

所以，如果你和他的境遇一样，我希望你也成为那样的少年。

人，生而有别。同学有富爸爸，你有穷爸爸。可从来没有父母想让自己的孩子活得窘迫，也从来没有父母希望自己的孩子过得寒酸。除了极少数人，也没有谁因为你贫穷、窘迫，就会远离、厌弃你。若是那样，即便他条件再好，恐怕也难以结交真心的朋友，也难以被人喜欢。

所以，你的境遇如何，你的人缘如何，其实归根结底还是态度的问题。

推开心门，泰然自处，这比什么都重要。"含着金勺"出生的人毕竟是少数，你没有必要想太多。请记住：你不卑微，那么就没有人能够让你卑微。以下几点建议，也许会对你有所帮助。

第一，不戚戚于贫贱，不汲汲于富贵。

这句话是五柳先生陶渊明说的。大意是不因为贫贱而嘤嘤喊喊，也不因为没有富贵而急急切切。

贫穷不是永久的，你若是努力争气，笑着面对所有人，那么它就永远不可能成为你社交和生活的绊脚石。

第二，自信、坚强、努力。

麦太太对麦兜说过这样的话："全世界的人不爱你，我都只爱你；全世界的人不信你，我都只信你；我爱你爱到心肝里，我信你信到脚趾头里。"

麦兜和麦太太孤独伶仃，生活贫穷且艰难。后来麦太太去世了，麦兜的生活变得更艰难。不过，麦兜记住了麦太太的忠告——自信、坚强、努力，一步步地摆脱贫穷和苦难，成了大侦探。麦兜的成功是因为麦太太给予他无私的母爱，可更多的是因为他看清了自我，看清了未来的路。

你希望改变处境，不让别人看不起，那么你就应该向麦兜学习。

不妨思考一下，那些因家里贫穷而抬不起头的孩子里有你吗？如果有，我希望你改变。说真的，不戚戚于物质的贫穷，选择充实内心的富足，让自己拥有强大的内心，然后爱自己，爱父母，爱生活。之后，这个世界必定会回报你更多的爱和美好。

你有的只是缺点，根本不是缺陷

每个孩子都有自己的特征。有些特征是好的，人人都高兴地接受，还会自豪地展现它；有些特征是不好的，所以很多人不愿意接受，还想办法掩饰它，生怕因为它而被别人看不起，甚至遭受嘲笑。

对于那些人们不愿意接受的特征，我们称之为缺点，比如不算高挑的身材、比较肥胖的脸蛋、不聪明的脑袋、内向的性格、急躁的脾气……

就拿你来说吧！你有着强烈的自尊心，希望自己身上都是优点，可事情不是你想怎样就能怎样，你的身上恰恰就有一个或是两个缺陷。于是你接受不了，心里开始嘀咕："我不太聪明，能力一定不如别人吧？""我不爱说话，别人会觉得无聊吧！"久而久之，缺点被不断放大，你整个人也变得越来越自卑，就好像自己真的一无是处，从来不会被人喜欢。

然而，每个人都不是完美的，人有优点就有缺点，既然如此为什么那么嫌弃自己呢？孩子，你不需要自我感觉良好，认为自己就是完美的，可是你也不需要自我否定，不接受自己啊！更何况你有的只是缺点，根本不是什么缺陷。

就好像一个人长得胖一些，不太帅气，性格内向，急躁一些，你能说这是什么缺陷吗？在你眼里的一些小缺点，不管是身体上还是性格上的，都不应该被认为是缺陷，更不应该成为你自卑，不敢正视自己的理由。

古书《吕氏春秋》有云："尺之木必有节目，寸之玉必有瑕璃。"说的就是这个道理。这是让我们明白一个事实：任何事物都不是十全十美的，都有这样那样的缺点。你一个孩子自然也不会例外！

所以，你要学会认识和接纳自己身上的缺点，然后把这些缺点罗列出来，对于那些可以改正的缺点要及时纠正，从而进一步提升自己的能力。

相信你肯定认识这两个孩子，一个叫"没头脑"，做事丢三落四，总是爱出错；一个叫"不高兴"，总是别别扭扭，习惯和别人反着来。这两个孩子身上的缺点真的让人头疼，可他们自己却不以为然。为了帮助他们认识和改正缺点，有人把他俩变成了大人，"没头脑"当了工程师，"不高

图 3-3 "尺之木必有节目，寸之玉必有瑕璃"

兴"做了演员。结果，两人因为身上的缺点惹了不少麻烦，把所有事情搞得一团糟。好在他们认识到自己的缺点，下决心"痛改前非"，最终才回到童年时代。

至于那些没有办法改掉的缺点，你要学会接纳，然后坦诚地面对他人。你接纳了自己，别人自然也可以接纳你，并和你愉快地相处。

什么是自我接纳呢？我归纳了几点，希望你能够了解和牢记。

第一，你要正视自己。你不管有多少缺点和不足，都应该从现在起停止对自己的否定、挑剔，然后学会鼓励和欣赏自己。

你可以对自己说："我比较胖，可是我长得高，综合起来，身材并不差！""我有些急躁，可是我做事果断、自信，不唯唯诺诺！"停止了对自

己的否定和批判，也就是意味着你慢慢变得自信。只要你有了自信，社交自然就不会成问题！

第二，接纳自己，并不意味着无视缺点！

说起来，无视自己的缺点，为自己护短的人还真不少。有这样一个故事：有个到南方做官的北方人不认识菱角。他吃菱角时连壳一起放入嘴里。有人对他说："吃菱角应该去壳。"谁知这人却说："我知道，只是因为吃壳可以清热去火。"那人问道："北方有菱角吗？"这人回答说："前山后山满地都长满了！"

可是菱角明明生长在水里啊！这人闹出了笑话，自取其辱。

所以，如果你身上有缺点或不足，就应该敢于承认，不可以藏着掖着。否则，这对于你的生活和社交真的没有什么益处。

第三，每个人都应该无条件、积极地接纳自己，善待自己。这是让自己变得更好的前提。不管你外表如何——平凡抑或丑陋，不管你性格如何——内向或孤僻，这都是你自己的特色。学会接纳自己，承认"我就是这样的一个人"，你才能快乐地生活，愉快地社交。

你太讨好，恐怕留不住朋友

孩子，好相处、懂事，这些词语时常出现在你身上吗？

你的人缘如何呢？是有很多朋友围绕着你，还是很难留住朋友？

或许你很委屈？或许还会感到迷惑不解：为什么我很懂事，处处为别人着想，却很难接近小伙伴，很难交到真的朋友？

其实这一点都不奇怪。

一旦好相处、懂事这些词语出现在一个人身上，那么受气、被欺负就会随之而来。人真的很奇怪。很多时候人们都喜欢和好相处的人交往，可偏偏会看不起、欺负那些好相处的人，甚至不会真心地和他做朋友。这或许就是人性吧！

所以，你不要太好相处，不要为了与谁做朋友，就刻意地讨好和迎合对方。你的付出，别人很难看得见。你的讨好，别人会视为理所当然。

记得高中时有这样一个同学。她是个内向的女孩。虽然她长得普通，不太优秀，但是很懂事，和周围的人关系看起来很好。可我看出了不对劲儿。她很"喜欢"付出，谁有事让她帮个忙，诸如擦黑板、值日、买东西等，她永远都不会拒绝。她为了和别人交朋友会刻意地讨好对方。她自己明明在写作业，一旦同学让她帮忙下楼买东西，便会毫不犹豫地答应。她明明想看书，但寝室同学想要玩游戏，便会假装高兴地加入。她这样做只是为了不被同学排挤。

我向她提出疑问："你为什么这样做？难道是为了人缘好？"

女孩反问："什么？"

我再问："你为什么总是讨好别人？"

女孩笑了笑："我不出众，不善于社交，很难让人喜欢。我得让自己懂事，好相处，这样才可以交到朋友呀！你看现在大家都喜欢和我交往，对吧？"

我不由得诧异，问道："你真的是这样想吗？"

女孩迟疑了，低着头不说话。过了一会儿，她抬起头来，反问道："可是，我有其他办法吗？"

图 3-4　讨好并不能拥有好人缘

　　这个时候，我才明白过来，原来她并非什么都不知道，只是认为这是一个好办法。

　　然而，我们都知道这根本不是什么好办法。

　　记得有这么一句话："人一到群体中，智商就严重降低。为了获得认同，个体愿意抛弃是非，用智商去换取那份让人备感安全的归属感。"这句话的意思是，人为了合群，为了让别人接受自己，可能会抛弃是非，甚至是自己。

可事实上，对于这样的人来说，真的很难达到自己的目的。因为你的懂事、好相处，不是与生俱来的，而是环境给予的。所谓好相处、懂事只是你的保护壳，而你的内心是自卑、敏感的，也是痛苦和纠结的。

所以，你和人交往时，不要太好相处，不要害怕别人不喜欢你。或许你很难做得好，但是应该努力去做。只要你做好自己，即便不讨好别人，也会有朋友。以下几点建议，可以给你参考。

第一，做真实的自己，和他人保持真实的关系。

什么是真实的关系？

就是保持自己的本性，说出自己的想法，不迎合，不讨好，不一味地付出。该拒绝时拒绝，该争取时争取。你和他人是平等的，而不是单方面地讨好。这样的关系是真实的，也是自然而平等的。

孩子，你可以说："×××，我们做朋友吧！"然后付出真诚、真心，但是千万不要讨好、迎合别人，让自己处于一个较低的位置，好像你在说："×××，我求你和我做朋友。"结果得到的自然就不会是真正的友谊！

第二，你害怕别人不喜欢自己，害怕没人和自己交往，是因为你太自卑了。你不想讨好他人，不想被别人支使、命令，可是为了能够和身边的人亲近，只能委屈自己。

可你要明白，你太自卑和内向，太没有性格，更没有几个人会喜欢你。

所以，你要让自己变得更加自信，做到尊重自己、接纳自己，而不是压抑自己、忽视自己。

第三，你太合群，你就失去了自己。你玩过俄罗斯方块吗？这是80

后小时候最常玩的游戏，类似于现在的消消乐。这个游戏告诉我们，你太合群，你就消失了。所以，不要为了和谁交朋友或是融入某个集体、圈子就讨好他人，用卑微的姿态迎合，无条件地付出。

很多时候，你越是如此，别人就越无视你的存在，不拿你当朋友。而且，如果他真的不喜欢你，无论你如何讨好、付出，他还是不愿意和你亲近。

你只有做好自己，让自己变得优秀起来，别人才能看到你的存在和价值，然后被你的魅力和气场吸引过来。

第四，你可以好相处，但也需要有底线。你不要因为觉得自己不如人，就去迎合别人，关心别人，而不计较自己是否吃亏，是否辛苦。就是因为你一味地放低自己的底线，所以别人才觉得你做的一切都是理所当然的，甚至觉得你好欺负。

即便是你一味地付出，最终和别人成了朋友，这种关系也是不对等的，你的付出也很难获得回报。虽然说朋友之间不应该计较回报，但问题在于这个朋友是你做出了步步退让而得来的，你与他 / 她之间是真正的友谊吗？

出去一起玩吧，勇敢地去收获友谊

人有不同，性格自然也就各有不同。有的孩子天生就内向，在家里还算活泼，可一到外面就蔫了。其实，这本没有什么，可若是你的内向过度，让自己变得恐惧社交，不敢表达自己，不敢与人交流，那问题就大了。

没有社交能力、没有朋友的人，很难在这个社会上吃得开，因为几乎没人喜欢和过分内向、孤僻的人交往。一个人若是太内向孤僻，就变得不合群了，交际能力也就无从谈起了。这样的孩子长大后极有可能变得更加自我、冷漠、孤独。

心理学上有一个名词，叫作"自我选择效应"。简单来说，生活中你将面临很多选择，一旦选择了某个方式，就会朝着这个方向一直走下去，不管行为还是思维都会形成一种惯性，并且不断地自我强化。

图3-5　"自我选择效应"

当然这种效应在社交方面也很适用。你若腼腆、自卑，不敢出去交朋友，这种思维就会一直维持下去，并且不断得到强化，使你变得越来越不自信，没有勇气，进而更加不善于社交。可是如果你换了一种选择，决定主动去认识一些人，主动与小伙伴一起玩，就会把这种思维和行为维持和强化下去，从而变得越来越自信，越来越勇敢。

有个可爱乖巧的小女孩，不喜欢与人说话，不愿意和小伙伴玩耍。她从小就性格乖巧，也有点孤僻，没有一个朋友。

爸妈和老师都认为这孩子若是不改变这个性格，之后很难适应集体生活，于是就鼓励她多交朋友，多和小伙伴玩。当然，小女孩是抗拒的，好像这个世界与她无关似的。她不愿意敞开心扉，拒绝表达自己的感情。面对小伙伴的邀请，她也总是选择拒绝，还会悄悄地把自己"藏起来"。

小女孩以为她会生活得很好，可长大后才发现自己成了孤零零的一个人，伤心时无人安慰，高兴时无人分享，内心就只剩下了孤独和寂寞。

可悲的是，这种无人陪伴的生活并不是他人造成的，而是因为她一直在封闭自己的心。

孩子，你想成为这样的人吗？如果不想的话，那就改变自己吧！不管你是性格内向，还是自认为身上有什么缺点，都应该学着勇敢地加入小伙伴。你要跟其他孩子一样，一起和同伴出去玩耍。

荀子说，人不能生而无群。大人需要朋友，孩子也需要朋友，甚至比大人更需要朋友。所以，千万不要让性格阻碍了你的社交，更不要让自己成为孤独的"小刺猬"。

第一，你需要打败那个叫"自卑""内向"的家伙，把孤僻、不善交际这些词语从自己的字典中彻底清除。只要你让自己自信、勇敢、积极一些，当你走出家门的时候就是收获友谊的大好时机。

第二，绝大部分小伙伴并不难接近，想要交朋友，你只要推开自己的心门就可以了。

你得让自己变得主动点儿，见到你喜欢的小伙伴可以说："我们做朋友吧！""我们一起玩吧！"不要怕拒绝，你要相信其他孩子也想多交朋友。只要你友善、大方，没有谁不愿意多一个朋友。

第三，好朋友就是一起分享快乐，一起分担困难。有时你觉得自己不够好，对交朋友产生恐惧感；有时你觉得一个人没什么不好，不愿意和同龄人聊天、交往。这一切不是你真的不需要朋友，而是还没有体会到交朋友带来的快乐。

一位西方哲人说过，朋友，可以把快乐加倍，把悲伤减半。你遇到了挫折和困难，朋友会为你分担，为你出主意，并且鼓励你、支持你、帮助你。你获得了成功，朋友会欣赏你、赞美你，以你为骄傲。

所以，你要积极主动地与人交往，融入小伙伴的集体中去！收获了友谊，你就等于收获了幸福和快乐。

第四，你可以成为孩子王，带着小伙伴一起玩耍，组织小伙伴做一些集体游戏。在这个过程中，你可以发挥交际天赋，接触到更多人，如此一来不仅可以人见人爱，还可以提升各种能力，何乐而不为呢？

试着去跟难相处的同龄人打交道

对于任何人来说，与人相处讲究的是愉快、舒服，让自己开心。

每个孩子都有这样的想法：和喜欢的人交朋友，和好相处的人打交道。

可很多时候不是你喜欢怎样就怎样，一个人永远无法只和自己喜欢的人打交道，而对其他人视而不见。你可能会碰到那些难相处却避也避不掉的人。他就在你的身边，是你的同学、同桌、同一小组的伙伴。他可能是个爱欺负人、性格霸道、自私的人，或者是个控制狂、消极悲观者……

很明显，这些人都不讨人喜欢，你觉得和他们打交道费心费力，心里非常不舒服，不痛快。这种情况下，逃避一般会让你减少麻烦。可遗憾的是，你就是没有办法逃避！

小美上初中了，开始住校。宿舍里有一个叫小岛的女孩，性格霸道。小岛学习好，人很聪明，可就是太以自我为中心。住校第一天，小岛便自我宣称：“我是这个宿舍的老大，之后我就是宿舍长了。”

其他人有些疑惑，反问：“你怎么自己决定了？难道不是大家一起推选吗？”

小岛一听，板着脸说：“我不当宿舍长，你们就能当？你们都不行，我才是最棒的。”

接下来的日子，小岛就成了宿舍老大，总是支使其他人打水、打扫卫生，自己却什么也不做。一旦有人提出异议，她就拿出“宿舍长”的派头来压人。

小美不愿意招惹麻烦，选择了退让和讨好。可越是这样小岛就越欺负她，整天支使她做这做那，仿佛把她当作小跟班。

　　有人问小美："你就那么愿意被她欺负吗？"

　　小美委屈地说："当然不愿意呀！可是我能怎么办呢？"

　　很显然，小岛是一个不好招惹的人。小美不喜欢小岛。可是同在一个宿舍里住着，她想逃避也逃避不了！即便能逃避，这又是什么好方法吗？当然不是！小美找不到解决问题的方法，即便是逃避了这一次，下一次又该怎么办？难道就永远选择逃避吗？

　　现实生活中，我们遇到的不可能都是好相处的人。或许你现在也如小美一样深受其害，或许将来可能受其困扰。所以你需要明白一点：如果不提高自己的社交能力，那么你永远也不可能好过。

　　孩子，你应该学会和难相处的人打交道。当然，要怎样做才能顺利地与这样的人共事，保持良好的关系，这是你最先要考虑的问题之一。

　　第一，聪明的你要明白一个事实，你不喜欢的人也许本质不坏，他难相处只是因为性格有些缺陷，这小小的缺陷造成了你们之间的摩擦、不快。

　　你需要了解他的性格和心理特征，既要做到保持自己的礼貌，调节好自己的情绪，也要尽可能地不抱有任何偏见。伸手不打笑脸人。你付出了真诚，难道别人还会给你一个巴掌吗？

　　第二，也许不论你怎么努力，有些人的行为还是让你生气。这会让你产生很大的失落感、排斥感，从心里开始厌恶这样的人。可是你要记住：冲突永远不是解决问题的方法。它是一种消极的方式，伤人也伤己，对于你的社交毫无好处。孩子，你应该让自己冷静下来，深呼吸，放松心情。

图 3-6　退一步不一定海阔天空

只有这样，你才能更好地与其进行对话。

不过，每个人都有自己的底线，我可以明确地告诉你，那些难以相处的人也知道你有底线。所以，一旦被碰触底线，你就应该直接反击，这样对方才不会得寸进尺。

第三，退让、讨好，或许是很多孩子会选择的方式，但这是最糟糕的选择。

比如一个小伙伴霸道，喜欢自己说了算，不听别人的意见，于是你就屈服了，听从了他的命令，尽管内心好不情愿。一个同学性格暴躁，爱欺负人，于是你就选择了讨好，只希望他不找自己麻烦。

可是我要告诉你，讨好是最糟糕的选择。而且，你的内心不快乐，还会让对方变本加厉，更不尊重你。

孩子，你不可能只和喜欢的人打交道，也不可能和所有人都好到"到自己家一起玩耍"。这是不现实的。所以，你需要友好、礼貌地对待每个小伙伴，尝试和他们打交道，不可以逃避，也不可以讨好。

只要做到这一点，你就可以和任何人都顺畅地交往了！

第4课　怎么就被讨厌了呢

——其实没人刻意排挤你，
是你完美地将自己孤立

每个人都希望自己被人喜欢，可事情往往不如人意。这不，你就被人讨厌了！这是为什么呢？你始终不明白，于是就怀疑小伙伴们排挤你。可事实真的如此吗？其实关键还在于你自己。你只爱自己，太特性，爱抬杠，性格霸道，又莽撞无礼，那就别怪小伙伴讨厌你了！

有己无人的孩子，可能会活成一座孤岛

对于任何人来说，自己是最重要的。

这本来情有可原。爱自己有什么错？更何况自私是人的本性，这个世界上原本就不存在为别人而活的人。若是存在的话，除了大人们说的圣贤，那就是地道的"傻瓜"了。

可是我必须对你说，一个孩子可以爱自己，可以为自己着想，却千万不要把它发挥得太淋漓尽致了。过于看重自己，不考虑他人，那就是自我倾向太严重了。除了你自己，这个世界还有很多人，包括你的父母兄弟、你的朋友伙伴、你的老师长辈……推己及人，由自己想到别人，去交朋友，去爱他人，远远比只爱自己更重要。

如果你的父母没有告诉你这个道理，那小伙伴就会用实际行动来"教你做人"。如果你过于自私，有己无人，就没有人喜欢你，靠近你，你终将会成为一座孤岛。你离别人再近，也没有人愿意登岸。你再优秀出色，也无人问津。

我认识一个孩子吴青，是大人们口中"别人家的孩子"，成绩优秀，多才多艺。可也是他，自私到让人难以接近，小伙伴都不太愿意理他，只有他最好的"哥们"李飞除外。两人是邻居，从小一起上学、放学，一起玩耍。

李飞性格热情，大大咧咧，对周围人都很好，对这个最好的哥们吴青就更不用说了。可似乎不管他对吴青多好，吴青都不为所动。平时还算好，一旦李飞找吴青帮一个小忙，吴青就算得一清二楚，不情不愿。吴青把自己和别人算得非常清楚，涉及自己利益更是寸步不让。最令李飞伤心的是，吴青几乎没关心过他。

前不久，李飞打篮球扭伤了脚，在家里休养了一个多月。虽然脚伤没什么大事，可老师、同学都先后去看望他，只有吴青一次都没有来过，只在微信里发了一句："你还好吧！"同学问吴青："你和李飞那么好，还是邻居，怎么不去看望？"谁知他理直气壮地说："不就扭到脚嘛，没有什么大不了的。我去看他，难道他就马上好了吗?!"

当同学和李飞说起这件事时，李飞只能尴尬地笑笑。

而让李飞远离吴青的导火索也是这件事。一个月后，李飞的脚伤好了许多，可是走路还有些慢，需要人搀扶一下。老师觉得吴青和李飞关系好，便把这个事情交给了吴青。谁知吴青只是冷冷地说："为什么是我？"

吴青的做法让李飞很寒心。李飞不明白，两人一起长大，关系这么好，为什么吴青这么自私和无情？事后他才明白，其实关系好只是自己的自以为是。吴青从来没这样认为过，李飞对他的好，他也当成了理所当然。

之后，李飞的生活里便没有了吴青这个所谓"哥们"，因为他不想把自己的真心错付了。

孩子，听了李飞的故事，你是不是觉得他很可怜，是不是庆幸他尽早看清了吴青的自私？如果是我，我相信自己会做出和李飞一样的选择，而且有可能离开得还要更早。

当然，这也给同学们一个警醒，那就是不要成为第二个吴青。自私，看似于己有利，不吃亏、没麻烦。可太过自私的人没朋友，没情谊，让人害怕，也注定是一个孤家寡人。

图4-1　有己无人的孩子，可能会活成一座"孤岛"

虽然说自私是一个人的本性，但是你需要克服这个人性的弱点，学会走出自我，学会顾及他人。如何克服自私的弱点，以下几点建议可供参考。

第一，思考问题，除了你自己的角度，还有他人的角度。所以，你要学会换位思考，多考虑他人的感受。

拒绝帮助别人时，不妨问问自己："我被最好的朋友拒绝了，心里会不会难过？"只顾自己，不关心朋友，不与朋友分享……想一想，若是别人这样对待你，你会有怎样的感受。

考虑别人的感受，在意别人在意的事，不以自我为中心，你就不会没有朋友，而且会很受人欢迎。

第二，打开自己的内心，多与伙伴沟通，多体验与人合作的快乐。当你体验到其中的快乐时，便不会封闭自己，就会走出自我的圈子。

第三，不要只顾着索取，也要学会给予。

无私的人只知道给予，而自私的人只知道索取。索取，一次，两次，三次，别人会给予，会没有怨言，可是次数多了，便会让人不自觉地厌恶、逃离。

第四，你需要明白，任何人对你的好都不是理所当然，所以你要懂得感恩和感激，肯定他人的好，感激他人的好，如此便不会心中只有自己。

总之，你不要太以自己为重，更不要过于有己无人，否则，受害的还是你自己。

走到哪都不合群，应该是你太特性了吧

鲁迅先生说，猛兽总是独行，牛羊才成群。很多大人也说，只有平庸的人合群，优秀的人从不刻意合群，并坚持自己的独立思想和要走的路。

这只是大人们看问题的一个角度。孩子，你还需要考虑另一个角度。走到哪都不合群，做什么都与别人不一样，你就成了一座"孤岛"。

人是群居动物，是以群来划分的。亚里士多德说，人是社会性的动物，无法完全脱离社会而单独生存。英国的一位心理学家也曾提出，合群是一种本能，是一种必然的需要。

即便性格再内向，你至少也应该有几个朋友。你与人沟通，融入周围的人群，才真正有了"社会"这个属性。可若是当这个属性不再，那你的人生不仅仅是寂寞而已，恐怕将是荒芜。

孩子，这个道理，对于你来说很深奥、难懂吗？其实，也不算吧。更何况，这是你终有一天会明白的。

你可以有自己的思想，不跟着大多数人走。你可以喜欢安静，不凑别人的热闹。可你需要交朋友，需要与人交流，融入身边的大小群体，包括小区里的伙伴、学校里的同学、兴趣班的朋友。否则的话，你就会将自己孤立起来。

你感觉一个人待着很舒服。你认为做自己的事情很惬意，丝毫不在乎别人怎么看，丝毫不考虑与别人沟通、合作。时间长了，你就成了另类，然后一直孤独地存在。

你长期躲在自己的世界里，打出"做自己"的口号，不愿意去社交，不愿意和别人一样。慢慢地，你便不再有人理睬，身边没有任何人，几乎连说话的人都没有。

我认识一个女生，因为高考失利进入了一所"不入流"的大学。其实这所大学还不错，只是不是985、211院校而已。

女生看不起这个学校，也看不起自己的同学。她保持着高傲，不愿意与任何人亲近，包括几个很热情的舍友。她一个人上课，一个人吃饭，一个人读书。她为了避免被人打扰，还时常戴着耳机。

学姐邀请她参加学生会，她淡淡地拒绝。同学找她讨论问题，她借口有事拒绝。舍友约她一起吃饭，她也是拒之门外。

她成了学校的另类，把所有的人都屏蔽在她的世界之外。

她这种格格不入、孤傲冷漠，真的很难看。这种刻意的不合群也彻底毁掉了她的生活和未来。她不屑与人为伍，周围人也不屑与她交流，对她视而不见。

她原本很优秀，可是被身边的人厌恶，连老师都对她皱眉。毕业后她得到了好的工作邀约，可是用人单位得知她的大学生活状况后，便毫不犹豫地拒绝录用她。

孩子，我需要告诉你，很多孩子的孤僻、冷漠、抑郁，很大程度上都是不合群引起的。你的年纪还小，认知、思想和格局还处于成长期，需要不断地与人沟通、接触世界来发展、成熟。不合群，不与人交流，你就会很难获得健康成长。以下几点建议，能够让你既可以做自己，又可以融入群体。

第一，你可以做自己，可以与众不同，但千万不能太不合群。如果你抱着"别人都是傻瓜，只有我一个人最好"的想法，那么吃亏的肯定是你自己。结果你会发现自己才是那个傻瓜。

第二，你可以喜欢安静，喜欢独处，但不能太孤独了。孤独游弋，排斥所有人，你可能找不到任何同类。

图 4-2　别让"不合群"堵了自己的路

大家都参与讨论，集思广益，你闭门造车；大家都积极向上，彼此友爱，你独自一个人待着。你不合群，又怎么会不被孤立？

第三，你要努力合群，但也不要刻意合群。人有不同，你进不了的圈子，若是强行进入，只能让自己更累。就好像牛奶和可乐，都很好喝，可是硬要把两者融合在一起，就会变得难喝无比。

所以，你不要为了合群而合群。你要找到最适合自己的群体，然后展现最好的自己，融入群体，便是最好的选择。

君子和而不同，大概说的就是这个道理吧！

第四，你还要适当独立，适当合群。合群不是讨好，也不是随大流。

所以，你要学会与人交流，选择适合自己的群体，并学会融入身边的环境，努力做到合群。

因为你太霸道，他们只能逃之夭夭

地铁上，你会一个人占 3 个座位，不让其他乘客坐下吗？公园里，你会动手抢别人的东西，只因自己喜欢吗？游戏中，你会只争第一，容不得别人超过自己吗？

听了这些，你或许不以为然，觉得没什么大不了的。可是，这明明就是霸道无疑了。

其实，在家撒泼胡闹，在外霸道蛮横，这不是什么好事。你这样做的确是从来不会受人欺负，但是这种"所有人都必须听我的"的行为模式真的不太好，只会让你自己成为"独行侠"。

有个男孩，是个出名的"独行侠"。上下学路上，别的孩子成群结队，他却总是一个人走；别的孩子一起跳绳、踢足球，他却总是眼巴巴地看着。

　　一开始，我不了解情况，看着男孩如此孤单，便问邻居家的小女孩："那个男孩为什么不和小伙伴一起玩？"小女孩说："不是他不和大家玩，而是大家不愿意和他玩。"我感到疑惑，问道："为什么？你们为什么要孤立他？"

　　小女孩气鼓鼓地说："因为他太霸道。"

　　小女孩滔滔不绝地说着，控诉男孩的"罪状"：喜欢抢别人东西，玩

图 4-3　霸道只会让你越来越孤独

游戏输了还不服气，动不动就动手打人；与小伙伴玩足球，他必须是控球的那个，有时小伙伴半天都碰不到球；邻居孩子骑车骑得好好的，他上来就抢，非要人家把车子让给他骑，态度非常强硬，好像这车子是他自己的。

男孩很不受人欢迎，附近的孩子都不愿意和他一起玩。有时在公园里，他一走近小伙伴，人家就会立刻走开。在学校里，做实验、小组讨论、上体育课等各种活动他也找不到合作伙伴。

我不得不在心里感慨，这个男孩人缘差，是因为他太霸道了！如果这个男孩不改变行为方式，恐怕他将来在人际交往中将大大受挫。

所以，即便你在家里说一不二，可是在面对小伙伴和同学时也不能太霸道。在家里，父母、爷爷奶奶让着你，你霸道，家人顶多也就是无奈地叹气。可在外面，没有人让着你，也没有人能够忍受你的无礼。你霸道，别人惹不起，但是躲得起，早早地就躲你躲得远远的。

这在心理学上有一个佐证。心理学家发现，每个孩子天生就会用不同的态度对待不同的人。当遇到温柔、和善、爱分享的小伙伴时，孩子愿意亲近他们，和他们交朋友。而遇到霸道、脾气差的小伙伴时，则会选择排斥、远离，拒绝和他们接触亲近。

所以，你想要受人欢迎，很重要的一点就是，要对人友好，不霸道。以下几点建议，能够帮你获得更多人的友谊。

第一，霸道，不仅仅体现了一个人的社交力弱，更体现了其性格的缺陷。这种性格是自私、以自我为中心的体现。时间长了，一旦养成霸道的个性，再做出改变就难上加难，甚至还会陷入恶性循环的怪圈。尤其是进入青春期后，很多孩子的自我意识加强，拥有表现自己的强烈愿望，便会变得更加霸道、唯我独尊，然后就会受到更多同伴的排斥。

孩子，若是你感觉自己受到了周围人的排挤，那就反思一下，看看自己是否性格太霸道了。只要你不欺负他人，不蛮横无理，性格变得温和了，别人自然就不再厌恶和逃离你了。

第二，你需要提高自己的情商。大人有自控力，能控制自己的情绪和行为。孩子也有自控力，可是比大人就差了很多。因为自控力差，所以为所欲为，飞扬跋扈，一看到想玩的玩具就从别人那里抢过来；因为习惯以自我为中心，所以不想分享就不分享；因为情绪化，所以输了游戏，就气急败坏，就乱发脾气、乱打人……

你或许还不了解什么是情商，可从现在你却需要修炼情商。很简单的道理，控制自己，管理自我，不放任情绪，这些都是修炼情商的重要内容。

你情商高了，要比你聪明、成绩好更能够招人喜欢。

第三，在集体中，团结友爱、分享是第一要义。你不能事事让都别人听你的，更不能希望所有人都听你的。尊重小伙伴的意愿，多关心，多分享，"霸道"才不会成为你的标签。

尤其是分享，可以说是让你远离霸道的最好方法。分享是一种快乐，当你体会到这种快乐，友谊就不请自来了。

总之，霸道是社交的大忌，它将会把你的形象、人缘、圈子统统毁掉。如果你是一个霸道的孩子，那么赶快做出改变吧！

你可以活泼调皮，但不能莽撞无礼

现在有这样一个孩子群体，他们霸道无礼，肆无忌惮地胡闹，很不招人喜欢。在大人的眼里，他们就是"熊孩子"，在孩子的世界里，他们就是"小霸王"。

每个大人都想要远离"熊孩子"，每个孩子也都想要远离"小霸王"。

说实在的，大家对"熊孩子""小霸王"的厌恶有多少，看看网上关于他们的控诉以及应对的策略之多就可见一斑了。不说是恨得咬牙切齿，也是避之唯恐不及了。

所以，你千万不要让自己中了标，成为人人都避之不及、厌恶不已的那种孩子。

虽然说孩子的活泼调皮是天性，但是如果你只是三五岁，或是七八岁，偶然调皮捣蛋，闯一些小祸，捉弄一下小伙伴，这或许还情有可原。然而，如果你已经十几岁，行为还是很出格，故意划花邻居家车，故意在电梯里蹦跳，故意欺负同学，硬闯教室门……便是地道的"熊孩子"和无礼了。

一个五六年级的男孩，在小区的电梯里小便，还故意把尿撒在电梯的电路板上。尽管小区物业多次贴公告禁止这样的行为，可是他仍旧故意为之。直到被物业当场逮住，他仍毫无悔改之意，还大言不惭地说："我就是这样做，你能拿我怎样？"

这不是"熊孩子"是什么？

一个初中一年级的男孩，总是喜欢欺负同学。别人在操场的露台上

图 4-4 "活泼调皮"不等于"莽撞无礼"

站着，他在背后狠狠地推了对方一下。幸亏有人眼疾手快地把这位同学拉住，否则很可能造成极为严重的后果。他拿着口香糖搞恶作剧，把女生的头发黏住，还嘲笑女生是"丑女"。

这不是无礼是什么？

调皮，是孩子的天性。可调皮的孩子绝大部分是懂道理、讲分寸的，懂得什么事情可以做，什么事情不可以做。但是"熊孩子"并非如此，他是明知道这个事情不可以做，却还肆无忌惮地去做，明知道做那样的事情很无礼，却故意去做，事后还洋洋得意。

讲真的，谁都不希望被人厌恶。可事实上，一些孩子就是自作自受。

他们反复地试探别人的底线，反复地冲破"教养"的界限。正因为如此，他们完美地把自己作得人人厌恶，成为一个孤零零、备受排挤的"孤岛"。

孩子，我相信你是懂是非、明道理的。既然如此，你就一定知道什么应该做，什么不应该做。

不过，在这里我还是不得不给你提个醒，以防你做错了而不自知。相信我，做到了这几点，便没人排挤你，也没人厌恶你。

第一，不认生，对于孩子来说是个褒义词，可若是到哪里都自来熟，忽视了基本的礼貌、礼仪，那就是莽撞无礼了。

你一定看过《蜡笔小新》，可能现在正在看，可能已经成了"童年回忆"。可不管怎样，对这样的情节你一定不陌生：小新到别人家做客的时候，从来不把自己当外人，表现得十分莽撞无礼。到老师家，小新直接向老师要果汁。到邻居家，小新让人家给自己拿零食。遇到人家有意见，他就会毫不客气地说人家小气。

这样的小新——没礼貌、莽撞、过分，真的就是"熊孩子"无疑了。如果你是小新的朋友，看到他在你的家里毫不克制，不仅胡乱翻东西，还毫不客气地支使你，肯定会感到非常不舒服。

可惜的是，这样的孩子真的不少。但说真的，我不希望你也如小新一样。

第二，不打扰别人，这是一种教养。

在家里，你可以随心所欲，别人管不到。可是在外面，尤其是公共场合，打扰别人，一边跑一边尖叫，把桌椅弄得乱响，把电梯楼层都按亮，大声喧哗，便是一种毫无教养的行为。

对于"熊孩子"的种种恶行，大人们最常说的就是"没教养"。所以

不想被人说"没教养",同学,你就必须杜绝这样打扰他人的行为。

第三,不冒犯他人,应该成为你与人交往的底线。这种冒犯当然不是无意的,而是恶意的、甚至是心思恶毒的。这已经不仅仅是无礼,而是一种品德的败坏。

第四,因为不懂得尊重人,内心自私、霸道,熊孩子才会"作恶",才会我行我素、蛮横无理。

所以孩子,你需要学会尊重和爱,做到了这一点,教养和礼貌便永远伴随你。虽然你可能会偶尔调皮捣乱,但因为内心存在着是非,就绝对做不出出格的事情。

不管任何时候,没人喜欢"熊孩子",包括大人,也包括孩子。所以,你不想被人厌恶,千万不能让自己变成"熊孩子",不能成为莽撞无礼的人。

别太酸了好不好,小柠檬精

你吃过柠檬吧?很酸很酸,对吧?简直可以"酸"掉你的牙齿。

可是有一种酸,比柠檬更"酸"。

没错,我说的就是一些孩子的嫉妒心理,也叫作"红眼病"。喜欢"酸"别人的孩子,也被叫作"柠檬精",这是网络上最流行的叫法。喜欢上网的你,或许对它并不陌生。

每个孩子都有"酸"的心理,看到同桌拿到了第一名,心里酸酸的,暗自想着"哼,我下次也要拿第一名。"

每个孩子都说过"酸别人"的话，看到同学受到老师表扬，有些嫉妒地说着："哎，你又受表扬了，谁让老师喜欢你呢！"

这很正常。因为嫉妒是人们最普遍的心理，是源于人最原始的欲望。人有，你没有；人好，你差，你情不自禁地产生一些不舒服、难受的情绪，这再正常不过了。可是，你要知道，这种心理通常是有害的、消极的。

于己，过度关注其他同学，过低评价自己，会让你觉得"自己不如他人"。挫败感随之而生，你会因此变得不自信。同时，你会产生愤愤不平的情绪，这会让你失去对自己、对他人乃至所有事情的判断，以至于越来越找不到方向。

对他人，你的酸言酸语甚至是攻击，会让人感到不舒服，进而远离你、厌恶你。

周瑜嫉妒诸葛亮的才能，说出"既生瑜，何生亮"的酸话，落得个心胸狭隘的名声。还有李斯，因为同学韩非子比自己优秀，担心韩非子抢了自己的功名，说出了诬陷之言，结果害死了韩非子，也害死了自己。

被嫉妒心理占据的人，往往是不能控制自己的。他不能正视自己的不足，也不能容忍别人比自己强，于是心理越来越不平衡，言行也越来越偏离轨道。

不管是大人还是孩子，都存在嫉妒心，只是程度与表现方式不同罢了。所以孩子，你不要认为你年纪小，嫉妒心理的危害就不大。

你是不是有弟弟或妹妹，爸爸妈妈对弟弟妹妹好，你是不是感到嫉妒和愤怒？你是不是总是借机欺负他们，来发泄内心的不满？若是没有，你总归有同学或小伙伴吧？你是不是有时候很讨厌同学或小伙伴，眼红别人对同学和小伙伴好？

这就是嫉妒心理导致的。因为嫉妒，有的孩子可能做出不好的行为。若是不好好地控制自己，消除嫉妒心理，时间长了，就很可能做出更多不当的行为。当然，这种行为不局限于家人，还涉及同学、小伙伴，甚至陌生人。

所以，亲爱的孩子，千万不要放任自己的嫉妒心理。在社交关系中，总是说一些酸别人的话，真的不可爱。

图 4-5　别把自己活成"柠檬精"

所有孩子的情感都是脆弱的，感官也是直接的。你总是酸人家，嫉妒人家的好，人家就会厌恶你，并且看不起你。下面的几点建议，希望能够对你有所帮助。

第一，在大人的字典里，嫉妒可不是一个褒义词。嫉妒使人丑陋，嫉妒使人迷失。你越是眼红别人，心里就越是酸溜溜的，就会抱怨"凭什么"。你越是嫉妒，就越是不服气，心理就越不平衡。

孩子，如果你不想被嫉妒捆住，成为人人厌恶的"柠檬精"，就应该学会正确认识自己的优势和劣势，然后始终保持一颗平常心。

不因为别人优秀而眼红，不因为吃不到葡萄说葡萄酸，便不会酸溜溜的了。

当你看到自己与别人的差距，而不是任性地酸别人时，心里就会舒服很多。

第二，在某种程度来说，嫉妒是一把双刃剑，有消极的一面，也有积极的一面。可以说，心生嫉妒，是竞争性的一种升华，这也决定了它可以促进一个人的进步。

同学太优秀了，你心里酸酸的，但不要看低自己，也不要攻击别人。你所要做的是，努力提高自己的成绩，想办法去超越他，让别人嫉妒你，难道不好吗？

第三，爱嫉妒的孩子，大多是不自信的。因为不自信，内心变得过于敏感，过于在意别人，然后放大外界对自己的一些看法；或者总是觉得自己比别人差，总是认为别人会取笑自己；总是患得患失，担心得不到一些东西，担心失去一些东西。

这就是大人所说的"玻璃心"。所以，你需要让自己变得自信起来，看到自己的优势，看到自己的进步。你要远离嫉妒，让自己的内心变得平和一些，自然而然的，你的精神就会更加愉快，人际关系也更好了。

你一脸优越感，小伙伴满是不爽

每个孩子都有优越感，这是骨子里的一种自信，是一种"我强于他人"的心理状态。

如果你说"我没有优越感"，那我可以肯定地告诉你，孩子，你不是在说谎，就是内心太自卑。一个人自己都感觉自己不优于别人，不能超过别人，那么凭什么拥有比别人强大的能力，又凭什么优秀呢？

所以说，对于优越感来说，你得有。但是，关键在于你如何表现自己。你成绩好，便贬低那些不如自己的人；你家境好，就嘲笑那些家庭普通的人；你在艺术特长方面得了奖，就到处炫耀……你把优越感都写在脸上，到处和同学、小伙伴甚至好朋友去秀，结果身边的小伙伴都对你敬而远之，甚至连一个朋友都不剩。

我们常说，优越感这东西，你可以有，但不能到处秀给别人看。如果你非要到处炫耀，只能是碰一鼻子灰。

你一脸优越，小伙伴的心里肯定满是反感和厌弃。

所以，我不反对你说自己很厉害、很优秀，但是我反对你有意无意地用言语或行动秀自己的优越感，甚至不惜贬低他人。与人交往的时候，请保持一种谦虚和低调的态度，这才是社交的正确打开方式，也是你人缘好的关键。

可是总有一些孩子有着莫名其妙的优越感，并得意地将它写在脸上、说在嘴边、穿在身上，处处显摆。

一个男孩很优秀，可以说是我认识的孩子中最优秀的一个——成绩好，智商高，多才多艺，还是学校公认的校草。然而他的言行却很不讨喜，和小伙伴聊天，他总是喜欢把话题扯到自己身上，然后自我夸耀一番。每每说起自己的成绩，他总是眉飞色舞，自我感觉良好。尤其在成绩不好的同学面前，他嘴里的"啧啧"声不断。

最让人感到不爽的是，他喜欢通过贬低别人来显示自己的优越。他深知自己家境优厚，因此喜欢炫耀自己的名牌文具、衣服，还时不时询问其他同学的衣服是什么品牌，为什么不买 ×× 品牌。

他明明知道某同学来自农村，好不容易考入重点中学，还在这个同学面前炫耀："我一直都是上重点小学的。重点学校就是不一样，师资和管理都是一流的，可不像一些农村学校……"

明知道同桌因为考试失利而情绪低落，他还故意大声炫耀："对于我来说，这些试题真的很简单，很轻松就拿到了满分。""很多人拿满分，是因为满分是他的极限。而我拿满分，是因为试卷只有这么多分！"

…………

所以你猜得没错，这个男孩很优秀，可人缘却坏到了极点。

亲爱的孩子，我希望你知道一点，有优越感这本身不是坏事。可是如果你输出的方式不对，或是过多地输出你的优越感，那么你的优越感就会给你带来负面影响。所谓过分的优越感不过是一种病态的自信和愚蠢的自傲。

不管任何时候，如果你以不当的方式输出优越感，比如高傲、显摆、贬低他人，就会很轻松地把自己放在被孤立的位置，没人喜欢，没人信任。

所以，你应该注意自己的言行，尽量不要在别人面前去秀自己的优越

图4-6　优秀要从别人嘴里说出来

感。以下几点建议，将会对你有所帮助。

第一，低调是一种素养，谦虚是一种品格。即便你真的很优秀，即便你比所有小伙伴都出色，仍然需要学会低调和谦虚。

你做到了低调和谦虚，即便不表现自己，可骨子里的优越依然令人尊敬和欣赏。这就是你吸引人的魅力，就是你强大的气场。

第二，善良是你应该修炼的，因为越是有教养、高情商的孩子，就越是有同理心，能善待身边的每一个人。

看过《红楼梦》的人知道王熙凤是性格张扬、泼辣、有心计的人。可她依旧有善良的一面。刘姥姥第一次来到大观园的时候，面对这个"上不得台面"的穷亲戚，王熙凤不仅没有给人甩脸色，没有彰显自己的优越感，反而还处处礼数周全地接待。

所以说，善良一点，没必要把自己的优越感建立在他人的难堪之上。这是情商高的一种表现，更是内心强大的一种表现。

第三，即便你非常优秀，也要表现得低调一些。不知道你有没有听过这句话："孔雀开屏的时候，也露出了屁股。"意思很简单，很多时候你以为的优越感，其实在别人眼中就是可笑的行为，甚至凸显了你的自卑和无知。

所以，就算你足够优越，也请收敛一下。

第5课　你要有同理心

——学会共情与关怀，
做个让人心里舒服的孩子

如果你想拥有良好的人际关系，就得有同理心，学会共情和关怀。同理心真的很重要。只有拥有同理心，你才能懂得尊重他人，考虑他人的感受，感知他人的情绪，进而得到他人的喜欢和信任，然后轻松地被同伴接纳。

与人相处，最重要的是"比心"

几千年前，有一个人叫庄子，本名庄周，是楚庄王的后裔。庄子很有学问。还有一个人叫惠子，本名惠施，也是很有学问的人。他是庄子的至交好友。

一天，庄子和惠子一起在濠水桥上游玩。看着水里的鱼儿游来游去，庄子说："鱼儿在水里自由自在地游动，这就是鱼儿的快乐啊！"

惠子提出反问，说："你不是鱼儿，哪里知道鱼儿快乐呢？"

庄子反问惠子，说："你不是我，又怎么知道我不知道鱼儿快乐呢？"

惠子回答道："我不是你，所以我本来就不知道你知道鱼儿快乐。而你也不是鱼，所以你也就不知道鱼儿是否快乐，这是可以判定的。"

庄子最后说："请追溯这句话的本源，你说'你哪里知道鱼的快乐'，就是已经知道我知道鱼儿的快乐而问我的。我现在回答你，我是站在濠水桥上知道的。"

你是不是觉得庄子和惠子在抬杠？有这个可能。

你不妨先看看他们讨论的话题。那就是不要妄自猜测别人，同时，要有共情，将心比心。只有做到了将心比心，子非鱼，才可能了解鱼儿的快乐，子非我，也可以了解我是否知道鱼儿的快乐。

与人相处，最重要的就是"将心比心"。每个人都有自己的思想和想法。你认为对的东西，小伙伴或许认为错了。你感觉这个时候应该往左，小伙伴却觉得应该往右，甚至原地不动。其实，只要你懂得站在别人的角度上考虑问题，能够体谅别人的想法，就能够理解别人，也能够获得别人的理解和尊重，你们的情谊自然就会长久。

人是群居动物，就算你是孩子，也没办法一个人生活，需要和小伙伴合作、沟通，需要有朋友支持、安慰、欣赏。若是做不到将心比心，你想要得到朋友，想要在这个世界生存下去，那就是痴人说梦。

所以，不要认为和身边人说笑、交流，你就有了好人缘；不要认为和小伙伴一起玩耍，你就有了朋友。如果真的是这样，那么几乎所有人都可以成为你的朋友，这个社会也就没有孤独的人了。

换句话说，人与人之间关系的建立和维护，全靠一颗真心。你关心我，我关心你；你把忧愁告诉我，我把快乐分享给你；你理解我，我更懂

图 5-1　真心是联系彼此的桥梁

得你；你事事为我考虑，我也不只在乎自己……

说到这里，我想起一个很出色的初中同学，名字叫晓菲。晓菲学习好，人缘好，无论走到哪里都能交到知心的朋友。我曾经好奇地问她："你怎么这么有人缘，有这么多好朋友？"

她笑着说："很简单，将心比心。"

我开始观察晓菲，她确实做到了这一点。一位同学家里有难处，几个同学说要搞个捐款，可是晓菲否决了大家的提议，还叮嘱同学们不要声张。长大后，我才知道这是为了保护那位同学的自尊心，不让她感觉自己是需要被可怜、被怜悯的"可怜虫"。一次考试同桌考砸了，晓菲考了满分。她赶紧把卷子收起来，不再提考分的事。事后，她拿出自己的笔记，主动借给同桌，还主动为她讲题。

哪个同学心情不好，愿意倾诉，她便耐心倾听，不愿意倾诉，她便不多问一句。同学们一起讨论问题，即便哪个同学与自己意见相左，她也不争辩……

谁的心都如明镜似的，有晓菲这样的人在自己身旁，还不好好地交往和珍惜吗？

一位西方哲学家曾经这样说过，人的一生中，会经历这些情感，亲情，爱情，友情。可是不管哪一种情感的存在和维系，永远都离不开"比心"。

所以，你在与人相处的时候，要学会善待他人，做到将心比心。你真心对别人，别人自然真心对你。你为他人着想，他人自然懂你的好，进而更喜欢和在乎你。以下几点建议，可以供你借鉴。

第一，你要对别人好，关爱别人。正如法国思想家卢梭所说，当我们爱别人的时候，我们也希望别人爱我们。所以，只要你付出了爱心，就可以收获爱心。

第二，不要勉强别人认同你的言行。古人有云："夏虫不可语冰，井蛙不可语海。"你和小伙伴性格不同，生活环境不同，思想不同，所以平时看到的、想到的、感受到的、理解到的也就自然不一样。这个时候，你不必强求别人赞同你，也不必勉强自己迎合他人，就是你与他人最舒服的相处状态。

第三，包容是一个人的美德，更是一个人应该修炼的处世技巧。你应该学会包容身边人，之后才能做到善待、关心和帮助他人。

将心比心，是与人相处舒服和谐的良方。亲爱的孩子，努力做到这一点，听取自己内心的声音，同时把别人放在心里，你必将迎来他人以笑相待。

想要得到同伴尊重，就先尊重小伙伴

对于任何人来说，人格都是最重要的。

每个孩子都会有这样一种愿望：被小伙伴尊重，得到小伙伴的了解和赏识。

每个孩子都具有不容侵犯的自我保护意识。比如，某个同学的自尊心受到伤害。即使事后伤害他的人满含真诚地赔礼道歉，他们也很难再和好如初。

伤人自尊，友谊的小船说翻就翻！破镜难以重圆。

所以，无论如何，你都不要试图降低别人的人格，更不要以伤害别人的自尊为乐。生而为人，请尊重别人，这是最基本的社交素质，是别人喜欢你，愿意靠近你的前提。

小新因为一直受到同学的冷落，内心痛苦极了。他问老师："为什么那帮混蛋不理我，是因为嫉妒我的盛世美颜和万贯家产吗？"

老师正在喝茶，差点儿呛到嗓子。他淡定了一下，眯起眼睛，往窗外瞧了瞧。

不久前，这里刚刚下过一场大雪，窗台上还有少许未融化的冰。老师顺手拿起一块冰放入杯中，然后问小新："你说，现在我的这杯水，会有什么变化？"

小新回答道："凉了……"

老师听了，说道："好吧，意思也差不多，记住：你凉，别人也会凉。"

天冷，南方，没有暖气，小新的手冻得通红。

老师拿出一个暖宝宝递给小新，然后又问："现在，你有什么感觉？"

小新回答道："非常暖和，舒服极了。"

老师微微一笑，高深莫测地说："你凉，别人也凉；你暖，别人也暖。你不懂得尊重别人，被你轻贱的人必然会群起而攻击你；你懂得尊重别人，才会伙伴成群。"

小新听了稍稍一愣，恍然大悟。他郑重地决定——明天送给每位同学一个暖宝宝。

呃……这个小哥哥好像理解偏了。

不过我相信，聪明如你，一定能领悟这个道理。

——你若清香，蝴蝶自来，你若恶臭，汪都走开。

那么接下来，给同学们科普一下"尊重"的要领。这是一道送分题，听不听随你。

第一，尊重，就是发现每个人都有自己的自尊心。每个人都不允许别人糟践自己的自尊心。想一想，如果有人鄙视你、轻贱你、羞辱你，你会不会在小本本上给他狠狠地记上一笔？

图 5-2　付出什么，得到什么

第二，尊重，应该体现在你和小伙伴相处的每一个细节上。就像多尔蒂说的那样："最重要的是对人的尊重。即使像问好或说声'谢谢'这样的小事，也是表示对人的尊重。"其实这做起来并不难，不是吗？只不过我们往往把它忽略了。

在某世界五百强企业招聘会上，几百个人应聘一个职位，竞争相当激烈。

经过一场场没有刀光剑影的厮杀，有幸留下来的，只有三位同学。不幸的是，他们其中还有两个人要被淘汰。

这三位同学，一位是博士，一位是硕士，另一位是本科生。如果按正常剧情发展，本科生肯定是优先被淘汰的，但是并没有。事实是他淘汰了硕士和博士。他是主考官的亲戚吗？

并不是。主考官给出的理由很简单，这三位同学在提交简历时，只有那位本科生是用双手举送的。最后这位考官只说了一句话："尊重他人是最基本的要求。"

第三，你要明白：每个人都是自由独立的个体，每个人都不是人民币，做不到人人都欢喜。而尊重，就是尊重每个人和你的不同。哪怕是你心里不怎么喜欢的那个爱吹牛的孩子，你也需要尊重他。

我很喜欢孟德斯鸠的一句话："我不同意你的话，但我誓死捍卫你说话的权利。"这就是尊重。

第四，你的同学、同伴，有家庭贫富之分，但是人格没有。所以不要因为家里有点钱，或者父母有点权，就用高人一等的眼光去看待别人，用恶毒刻薄的语言去攻击别人。

好的家庭地位并没有赋予你盛气凌人的资格。如果有，有钱人是不是可以随意把你当蚂蚁踩呢？

所以，要尊重每一个人，不论他是多么卑微。

孩子，愿你学会理解，懂得尊重，最后成为一个有教养的人。

请在说话做事之前，考虑一下别人感受

在人际交往中，被人尊重是一种权利，尊重他人是一种美德。

不过，你尊重他人，只是做对了一半。接下来，你需要学会拥有同理心，学会考虑他人的感受，做个说话做事都让小伙伴感到舒服的孩子。

这很难吗？不，一点都不难。可事实上，很多同学做不到这一点。孩子，你可以对照一下，看自己是否有类似的行为：

无时无刻不自我感觉良好。一旦发现小伙伴犯了错，就直接指出来，还说出一些带有伤害性的话："你真是太笨了，真不知道你每天都在想什么！""不是我说你，就没见过你这么笨的人！"

以自我为中心，做事只考虑自己的感受，一开口就是"我以为""我喜欢""我……"小伙伴若是提出不同意见，你便立即反驳，非要证明自己是对的。

喜欢滔滔不绝地讲述一些事情，很少让身边的人说话，更不懂得认真倾听他人说话。

不能吃一点儿亏。若是在言语上胜过别人，就感觉无比开心。若是在某件事上超过别人，就感觉特别舒服。

明明知道那是班级公共的东西，非要自己独占。

大力推开门或关上门，根本不看身后有没有其他同学。

明明看到同桌成绩不好，却大声喊道："呀，你没及格啊！你是怎么考的？"

其他同学都在自习课上认真做功课，你却大声说话，或是频繁找同桌聊天。

…………

你看，只要你有以上一项或两项行为，那就别想招小伙伴或老师喜欢。若是你占了好几项，就真的很糟糕了，我毫不客气地说，你是一个令人厌恶的孩子。

你很少会换位思考，从不顾及别人的感受，所以说出的话做出的事也往往让人不舒服。或许你会说，"我性格大咧咧，没有什么恶意"，可一句"没有恶意"就能解决问题吗？不，它不能抵消你对别人的伤害，更不能挽回小伙伴对你的好感。更有甚者，它还可能让你到处树敌，为自己招来麻烦。

我高中的时候，班里有个性格大大咧咧的女生晓丽，情商一直都很低，说什么话做什么事从不考虑别人的感受。我了解这个女生，本性并不坏，只是意识不到自己的言行对别人的伤害而已。

可是，令所有人都没想到的是，女生晓丽竟然闯了大祸。记得那个时候，班里转来一个新生，文文静静的女孩小素，不太爱说话。晓丽和小素是同桌，老师就经常让两人一起讨论问题，一起搞卫生。在晓丽看来小素太矫情，总是随口怼小素几句，说她扮可怜、公主病，还习惯支使和命令她……

小素是新转来的学生，本就不适应新环境，再加上内心敏感，竟然差点儿因此跳楼自杀。

看到那一幕，所有人都被吓出一身冷汗。晓丽当时吓得脸色苍白，不知所措……她不知道自己的行为对小素的伤害竟然如此之大！

最后，小素只好转学离开这里，晓丽则性格大变，说话做事都变得小心翼翼，再也不见之前的乐观和自信。

孩子，听了这个故事，不知道你做何感想？不可否认，小素本身也存在问题，但是晓丽的问题更大。

所以，有一点你必须记住：很多时候，你说的话、做的事看起来不是什么大事，但是一旦积累起来或者遇到性格敏感的人，那就不是什么小事了！

图 5-3　尊重是友爱的土壤

如果你想好好与人交往，想赢得他人欢迎，那么请你在说话做事前多考虑一下别人的感受，避免说出让人不舒服的话，做出让人不高兴的事。以下几点建议，可以供你借鉴。

第一，己所不欲，勿施于人。实际上，这句话就是告诫我们，要有同理心，多站在别人的立场去体谅别人的感受，多理解和善待他人。

说话或做事前，不妨先问问自己："我听了这样的话，会感到舒服吗?""别人这样对我，我会高兴吗?"如果答案是否定的，那就立即闭上嘴或停下手。

第二，每个孩子的性格、生活环境不同，心理状态也大有不同。如果你不懂得考虑他人的感受，只从自我感受出发，就很难与他人建立良好关系，甚至还有可能给他人带来伤害。

第三，你需要懂礼貌，懂分寸，知轻重，有界限。

懂礼貌，你便不会说出冒犯他人的话，做出违反公德、规则的事情；懂分寸，你便不会说出贬低、嘲笑小伙伴的话；知轻重，你就知道把握说话的分寸，什么话该说，什么话不该说；有界限，你就会只做好自己的分内事，而不会对别人指手画脚，干预别人，做出一些出格的事。

所以，多一些尊重，多一些同理心，你就可以恰到好处地说话、做事，成为让人欢迎的孩子。

得到信任的前提，是你愿意信任别人

失足，你可能马上恢复站立；失信，你也许永难挽回。

这是一位西方思想家说的话，告诉了我们"信"这个字的价值。"信"这个字，可以是诚信，也可以是信任。这里我要讲的是后者——信任，它是人们对一个人的诚信、正直表示肯定，是人际关系得以维系的纽带。

孩子，你和同学、朋友交往，那肯定是希望得到对方的信任，让对方心无芥蒂，没有怀疑和揣度。可是，信任是最可贵的，也是最难得的。很多时候，即便是你掏出了真心，没有留一点儿心眼，也很难让他人毫不怀疑地信任你。

问题出在哪里？你的话语不够真诚，你的行为不够坦率，还是对方本来就性格多疑，不愿意相信他人？事情很简单，原因就在于你没有完完全全地相信你的同学、你的朋友，也就是说你没有付出自己的信任。

约翰·斯克朗斯基教授曾经做过一个心理实验。他让一些志愿者进入实验室，观看一些演员谈论朋友或熟人的影像。在实验中，一些演员讲述别人的缺陷，指责朋友这不好那不对，嘴里满是抱怨和批评；一些演员讲述别人的好处，夸奖朋友或熟人，态度友好且温和。

事后，约翰·斯克朗斯基教授让志愿者对这些演员的性格进行评价，结果前者批评的是朋友或熟人的缺点，可是志愿者却把这些缺点与这些演员联系在一起。

也就是说，当这些演员批评和指责朋友或熟人时，在听众心里他们同样也具有那些缺点。比如，他说朋友"很傻""愚蠢"时，在听众心里，他同样也是"很傻""愚蠢"；他说朋友"不守信""势利眼"时，在听众心里，他也是"不守信""势利眼"的人。

这就是"同步特征转移"效应。最后约翰·斯克朗斯基教授指出，多说和善的话，鼓励和肯定他人，如此一个人才会被人们视为"好人"。

这个理论是对的。

其实，人生何尝不是这样？如果你想要获得成就，首先要学会付出努力和汗水。你想要赢得别人的微笑，首先要学会对别人微笑；你想要别人对自己友好，首先要学会关心别人，对别人友好。

任何事物都是相互的，信任更是如此。你不能完完全全地信任别人，对别人心怀芥蒂，别人凭什么信任你呢？

小肖交到一个朋友小梁，两人一起玩耍、上下学、做功课，声称要做"一辈子好兄弟"。可是，他们的友谊小船很快就翻了，起因只是一个运动会。学校组织运动会，小肖想参加百米赛跑，为了证明自己，也是为班级争光。那段时间，他加紧练习，放弃了打游戏、看电视。

　　在班级选派百米赛跑运动员的投票中，他希望得到朋友小梁的支持和信任，便询问："你相信我吗？你觉得我能被选中吗？"

　　小梁肯定地说："我相信你！我一定会选你！"

　　遗憾的是，他落选了。他很伤心，抱怨道："为什么没人相信我？为什么投我票的同学那么少？"说完，他看向小梁，说："你相信我吗？你选了我吗？"

图5-4　信任

小梁再次肯定地回答："是的！我当然选了你！"

或许这次打击让小肖失去了信心，或许他本来就疑心很重，他再次问道："是吗？"

小肖的这种态度却严重地伤害了朋友小梁。小梁愤怒地大声喊道："你总是要求我相信你，可是你相信我了吗？"

是啊！小肖要求朋友小梁信任他，可他却不信任小梁。如此一个不平衡的状态，友谊的小船如何不翻呢？

很多时候你得不到别人的信任，这不是别人心眼多、不真诚，而是你没有选择信任对方。我相信，若是你主动付出真心和真诚，那么你的朋友就会在心里说："如果你信任我，我也会一样信任你！"

所以，你要学会信任别人，愿意主动信任身边的同学、朋友，甚至是陌生人。以下几点建议，有助于你获得别人的信任。

第一，用真心与朋友交换。有一个拓展项目叫"背摔"，考验的是一个人的信任能力。孩子，你不需要真的尝试这个项目，可是你需要懂得这个项目的作用和意义。

愿意相信朋友，付出自己的真心，那么别人就会尽全力把你稳稳地"接住"，使得彼此关系更和谐。

第二，不信任，就是一个无底洞，而且这个洞会变得越来越大，永远无法填满。所以，你不要对谁都心存怀疑，认为人人都不可信。虽然俗话说"害人之心不可有，防人之心不可无"，可是这样过度戒备的姿态，会让你没有朋友，更会让你的人际交往产生各种问题。

第三，与人交往时，先不要否定他人，而是尝试着理解和信任他人。孩子，你不愿意信任别人，是因为总是否定他人，用批评、批判的眼光看待他人。这样的心态是不对的，是无法让你获得朋友，更无法获得他人信任。

只要你学会理解他人，主动信任他人，你就可以得到同样的回报。

第四，你需要让自己变得更自信，相信自己是最棒的。你总觉得别人不信任自己，这是源于你内心的自卑和脆弱，不相信别人会支持、肯定自己，就像前面提到的小肖。

当你自信满满时，别人还会怀疑你吗？

过度热心，有时候对别人也是一种困扰

所有的关系，都有界限；所有的事情，都有尺度。这是你需要懂得的一个道理，更是应该遵守的一个原则。

这个原则适用于父母对孩子的爱，朋友对朋友的关心，你对同学甚至陌生人的帮助和关怀。一切的一切都需要有界限，都需要适度。如果没有界限，别人就会感到困扰，你则很容易"好心办坏事"。

好心还有错了？没错，你的心是好的，可若是别人不需要，或是会让别人感到尴尬、困扰，那就是多余的，就是不受欢迎的。

孩子，你应该听过《杰米扬的鱼汤》这个故事。杰米扬煮了一锅美味的鱼汤，这是他最喜爱的食物，自认为这是世界上最好的美味。既然这样，为什么不邀请自己的好朋友一起来分享？他是这样想的，也是这样做的。

杰米扬对朋友说："朋友，这是最美味的食物，请你尽情享用。"于是，

他给朋友盛了一碗又一碗鱼汤。过一会儿，朋友说吃不下了，杰米扬却说："没关系，这么美味的鱼汤，你应该多吃一些。"杰米扬不让朋友休息，也不让他喘一口气，继续热心地招呼着，还说："这样的朋友我才喜欢！"

最后，朋友再也忍受不了，慌张地逃走了，从此再也不敢跨进杰米扬家。尽管朋友知道杰米扬是好心，尽管他很爱喝鱼汤，可是他真的无法承受杰米扬这一份过度的热心。

杰米扬真的是过于热心了。除了过于热心，他还有一个更大的问题，那就是活在自己的世界里，从来没有考虑对方的感受，更没有尝试着和对方沟通。或许他觉得很委屈，可是他用自己的热心来勉强他人，一厢情愿地给予，最终只能让朋友远离。而且，讲真，他真的没什么可委屈的，应该委屈的是他的朋友吧。

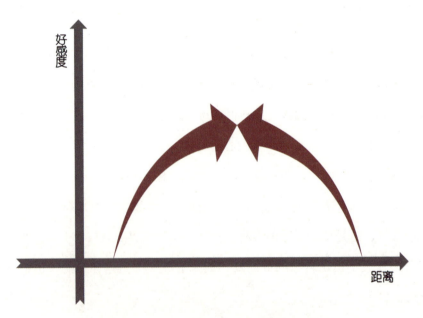

图 5-5　有分寸的友谊才是最好的友谊

一样的道理，你的热心应该有一个界限。千万不要超过这个界限，并且及时感受他人的反应，感受他人的内心，只有这样你的热心才会让人喜欢。

可以说，现在人们最厌烦的就是两件事，一是被别人道德绑架，二是别人多管闲事。你不管别人的意愿，过度热心地给予帮助或关心，没有界限地打探别人的隐私，便会被别人打上"多管闲事"的标签。

虽然很多时候你是出于好心，想要别人过得好，想要帮助别人解决问题和消除烦恼，可是，当你的热心过了度，逼着别人接受你的好意，逼着别人扒开伤口或是揭开隐私，往往就很容易让人避之不及了。

比如，同学考试考砸了，觉得很丢脸，不想被提及。你却热心地询问："你怎么会考砸？""你平时成绩不是很好吗？这次是怎么回事？"同学家境困难，平时买不起好文具、好衣服，甚至是小零食，你却每次都大张旗鼓地分享，即便对方拒绝、再拒绝，你仍坚持。

你是好心，觉得这是给予别人关心和帮助，可这只是你的个人想法。每个人都有自己的生活方式。每个人都有自己的自尊。当你以拯救者、帮助者的姿态出现，模糊了人际界限，过度地卷入他人生活时，又怎么不受人厌烦？你没有与别人共情，只是一厢情愿地给予，不顾及他人是否需要，怎么不让人困扰？

简单来说，你要热心，要乐于助人，要对朋友、身边人好，可是，你的热心不能过度，必须把握好与别人之间的心理距离。你只有把握以下几个原则，才能更好地释放自己的热心和善良。

第一，在与人交往中，分寸感是最重要的。没有分寸感的友情，是不会长久的。没有分寸感的社交，也是难以维持的。如同三毛所说，朋友再

亲密，分寸不可差失，自以为熟，结果反生隔阂。

朋友有困难，你可以热心帮助；你有好东西，可以热情分享；同学有困扰，你可以积极宽慰……但一切都应该把握恰当的分寸，不过度，不越界。这是一种体谅，也是一种尊重。

第二，你需要明确自己的位置。别人的事情不是你的事情，你需要明白一点：即便是再亲密的关系，人和人也应该有各自的位置。你有心或无意侵犯别人的隐私，或是打破别人的界限，其实就是对别人的打扰。

第三，汝之蜜糖，彼之砒霜。你觉得别人需要帮助，你觉得自己把最好的给予别人，这只是你以为而已，并不是别人的真实想法。事实上，你若是忽略别人的想法，一再释放自己的热心，就不是善良而是自私了。你所做的一切，也只是为了自己获得欣慰和快乐而已。

所以，你要热心，但不要过度热心。一切以他人的感受为准，就不会好心办了坏事，也不会付出好心却招人烦。你说呢？

你的话题里有同伴，同伴的话题里才有你

与别人相比，你自己才是最重要的。

每个人都觉得自我很重要，从内心深刻地热爱自己、关注自己，更希望别人看重自己。大人如此，自我意识敏感的孩子就更不用说了。

所以，很多孩子一开口就把"我"挂在嘴边，以"我今天做了一件事……""我喜欢……"为话头开始谈话。有人和他聊天，就会发现所有话题都与他自己有关，他的成绩，他的高兴事，他的吐槽，他的兴趣爱

图 5-6　别变成孤独的"麦霸"

好。你想说些自己的事情，那不好意思，没说两句话，他就会把话题拉到了他身上。

　　说实在的，和这样的孩子聊天感觉真的不太好。就好像你和几个朋友一起去唱歌，却遇到了一个"麦霸"，你才开口唱一句自己喜欢的歌，他就把麦克风夺了去。接下来，他唱着自己喜欢的歌，心里美滋滋，而你只有听的份，心里别提有多别扭！

　　你有这样的感觉，别人也会有这样的感觉。所以，任何时候，你都不要只谈自己，不要让所有话题都只围绕着自己转，却忽视了别人。你的话题里有别人，关注他的生活、喜乐、哀愁、兴趣、爱好……你在小伙伴中间才会更受欢迎。

　　佳佳能说会道，聪明，成绩好，可是不受同学们欢迎，也没一个交心的朋友。她很郁闷，怀疑同学们是嫉妒自己，所以才排挤自己。我对这个答案存疑，因为同班还有一个优秀的女孩小梅，同样聪明、学习好，可是没有一个人嫉妒、排挤她，反而都喜欢亲近她。

任何事情都有因果，问题就出在佳佳自己身上。每次别人讲自己的事情，佳佳一定不会听对方说完，而是直接打断，然后讲自己的故事。比如，别人说："我这次考试没考好……"她一定抢过来话头："我这次也没考好，我本来已经做好了复习，可是……"

几个同学聊天谈心，一个同学说起最近身体不舒服，体育测试成绩不理想，心情很是郁闷。几个同学都在那里说着一些安慰的话，可是佳佳偏要凑上去，一上来就说自己看了一部有趣的电视剧，说剧情如何如何搞笑，神情那叫一个得意。

当同学找佳佳倾诉自己的烦恼时，她总是一副不耐烦的神情，不一会儿就开始诉说自己的烦恼，好像只有她的事才是事，别人的事情永远都是微不足道的。

老师让同学们讨论问题或是商议什么事情，别人刚说一个开头，她就说起自己的主张，而且开头总是："你说的不对！""你不要说了，先听我说……"

任何人都喜欢表达，喜欢诉说自己的事情，可是佳佳显然忘了别人也有同样的需要。因此，她自然也就不会被别人喜欢，和小伙伴们的关系也是"凉凉"的。

著名心理学家弗洛伊德说过，每个人都有被当成重要人物看待的自重感需求。也就是说每个人都觉得自己很重要，希望别人能重视自己。因为有了这个心理需求，所以每个人都急于表达自己，想办法展示自己有多厉害，以至于忽略了其他人，很难关心其他人是否也有同样的需求。

虽然这是人的本性，但同样是人性的弱点。所以，你才需要有同理心。以下几点建议，可以供你借鉴。

第一，你爱表达，但不要忘了听别人说。

人与人之间的尊重和支持是相互的，不管是聊天还是谈论某件事情，你学会了倾听，小伙伴才能够感到你的尊重、谦让、友好；你愿意倾听别人说话，别人才愿意倾听你说话，进而愿意亲近你。

第二，找到你们的共同话题。

你只有找到大家都感兴趣的话题，聊天才能够继续下去，别人才会喜欢与你交往。你应该回想一下：与同学们讨论问题时，是你自己说得多，还是其他人说得多；与朋友聊天时，谈论的是你感兴趣的话题，还是别人感兴趣的话题？

比如，你对篮球感兴趣，喜欢谈及的话题自然倾向于篮球方面。可是别人不喜欢篮球，甚至一窍不通，你依旧滔滔不绝地谈论篮球，那么别人还愿意和你聊天吗？

第三，每个人都有一颗"玻璃心"。当他失意、郁闷时，想要吐槽一下，或是发泄一番，你却把话头抢过来，转而说起自己得意之事，那他听了岂不扎心？

聪明的孩子都有同理心，在别人吐槽时附和几句，在别人伤心时安慰几句。这虽简单，实际上却是赢得他人喜欢的关键。

所以，你应该心有他人，谈论的话题不只是自己。当然，这并不是一件容易的事，需要你学会克制、收敛、关怀和同情。

第6课　脾气大，人缘差

——管住你的臭脾气，除了父母没人愿意一直忍你

有的孩子让人喜欢，有的孩子则不受人待见。两者的差异，就在于情绪的管理。你脾气大，逮谁和谁发脾气，任性霸道，稍有不顺心就大吵大闹，自然就没人喜欢和待见你。所以，你需要学会管住自己的臭脾气，努力做个素养好、情商高的好孩子。

逮谁跟谁龇牙，你能有朋友吗?

大家都有同感，现在的孩子脾气坏，动不动就发脾气。我们不否认，孩子发脾气是正常的，大人们有时都难免愤怒、生气、吼叫，更何况孩子呢？可是，亲爱的孩子，你需要明白一个道理：脾气大，人缘就差。坏脾气，就是破坏你人际关系的第一大杀手。

情绪是有互动性的，不管是好的还是坏的。你抛出去的坏情绪，往往会反弹回来。就像是山谷里的回声，你唱歌，它也唱歌，你大笑，它也大笑。所以，当你对别人生气、抱怨，甚至吼叫、怒骂的时候，你觉得别人会好好和你说话吗？当你逮谁和谁发脾气、气急败坏的时候，别人还愿意和你交朋友吗？

小林之前和我抱怨："我真的不明白为什么小伙伴喜欢和我唱反调，为什么不愿意同我合作。难道我得罪他们了？"小林是我朋友的孩子，脾气有些大，一不顺心便大吼大叫，在家里是这样，在学校也是这样。

有一次我带着孩子和小林、小林妈一起到游乐园玩。因为游乐园人很多，每个项目都需要排队很长时间。期间，小林一直问小林妈还要等多久。几次三番之后，小林妈说："一会儿就到我们了，你不要着急嘛。"

小林瞬间就爆发了，朝着小林妈大喊道："一会儿，一会儿，你都说几次了！真是麻烦，要是知道等这么久，我才不来这破地方！"

看他这个样子，小林妈连忙耐心地安慰，可是他依旧平静不下来，说什么都要马上离开。结果，那次游玩非常不愉快，高兴而去，败兴而归。

还有一次他和几个伙伴一起打球，人家只是开了一个玩笑，说他今天是臭球篓子。他立即就不开心了，大声喊道："你说谁啊！"自此之后，小伙伴打球再也没人叫他了。

你看，乱发脾气的人生活会搞得一团糟，而且身边的人都会远离他。

其实上面讲的都是小事，如果小林能放平心态，或是管住自己的脾气，不快和摩擦根本不会发生。遇到小事就生气，逮谁和谁发火，谁敢和这样的人为伍呢？

我告诉小林："这是因为平时你不知道控制坏脾气。你生气，就骂人。你不满，就发脾气，不顾一切地把怒火发到别人身上。"

小林不好意思地说："我的脾气是有些不好。"

我对他说："控制不住坏脾气，逮谁和谁龇牙，后果真的很严重。你是不是发现一个问题，多数朋友在你身边的时间都不太长？其实，他们都是被你的坏脾气赶走的。"

孩子，你的坏脾气不是与生俱来的，也不是无法控制的。你要相信，只要你想，便可以控制住它。我也相信这一点。

更为重要的是，朋友也好，伙伴也好，没有义务忍受你的坏脾气，更不会成为你坏情绪的"垃圾桶"。你第一次发火，别人可能没说什么。可是，你一次次地不懂得忍耐，不顾及别人的感受，想发火就发火，那么任何人都会毫不留情地离开你。

作家顾城说过："因为你要做一朵花，才会觉得春天离开你；如果你是春天，就没有离开，就永远有花。"所以，你不要只顾自己，不要觉得这个世界都围着你转。当你友好地对待身边人时，你收获的就是友好和友

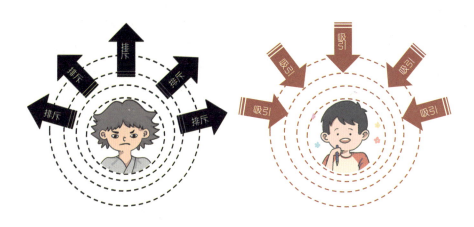

图 6-1　情绪与人缘

谊。相反，当你是暴脾气时，吼叫、怒火、暴躁就会吞噬你的友好、和蔼。在别人的眼中，你将一无是处。所以，你需要管住自己的坏脾气，给别人留下友善的印象。以下几点建议，可以帮你树立良好形象。

第一，尽量调整自己，控制自己的坏脾气。

不瞒你说，我也有发脾气的时候，尤其看到孩子捣乱、不听话时，就很难控制自己的脾气。这个时候，我通常会深呼吸几次，或是对自己说："冷静，冷静。"然后数 10 个数……

这个方式对我很有效，你也可以试试。

第二，当你控制住脾气时，不妨给自己一些奖励；当你控制不住脾气时，也可以给自己一些惩罚。

一位聪明的妈妈有一个很有意思的控制坏脾气的小妙招——在左手绑五个发圈，发一次火，就把一个发圈挪到右手；如果控制住了一次自己发脾气，就把右手的一个发圈挪回左手。

你也可以借鉴这个方法，控制住脾气，就奖给自己小红花；控制不住脾气，就罚自己不吃零食。不管是奖励还是惩罚，目的就是激励自己控制好不良情绪。有了目标和方法，只要你努力去做，就一定会有效果。

第三，人的成长包括身体、智力的成长，也包括心理和情绪管理能力方面的成长。所以，你要让自己不断成长，学会正视自己，让自己的身心趋向成熟。

第四，想要发脾气时，你可以让自己独处一会儿。离别人远一些，这样你的坏脾气就不会波及别人，同时也会尽快平复下来。

总之归结一句话：一句随意的吼叫，可能让你成为孤家寡人。不乱发脾气，才能让别人愿意和你交朋友。

心眼小，爱记仇，吓得大家躲着走

对于"宽容"这个词，父母和老师讲得最多，同学们听得也最多。小时候，小伙伴抢了你的玩具，妈妈教育你要宽容，因为小伙伴年纪小、不懂事。现在，同学冒犯了你，老师也告诉你要宽容，因为原谅别人就是原谅自己。

人之心胸，人之关系，大多就在于"宽容"这一个词罢了。所以，弘一大师说："人之谤我也，与其能辩，不如能容。人之侮我也，与其能防，不如能化。"可事实上，宽容真的很难做到，大人如此，孩子更是如此。

小时候我的两个同学小平和小刚因为讨论一道习题发生了口角，彼此争执起来，各不相让。小平一气急之下推了小刚一下，幸好有老师和同学来劝说才没有打起来。

事后，推人的小平认识到自己的错误，真诚地向小刚道歉。小刚嘴里说着原谅小平，可这"仇"却记在了心里，时刻想着一定要为自己"讨回公道"。

一天体育课，小平正在跑步，小刚竟然故意伸出一只脚，让小平摔得手肘、膝盖直流血。小刚以为自己做得神不知鬼不觉。可是同学们的眼睛是明亮的，一下就看出了他的报复行为。

我心想，只是一点儿小的冲突小刚就睚眦必报，要是大事得了罪他，那还得了。我庆幸自己之前没得罪过他，之后也不自觉地开始远离他。同时我发现同学们也和我做出了一样的选择。

图 6-2　宽容别人就是宽容自己

很明显，小刚太爱记仇了。他就犹如浑身长了刺一般。谁要是与他有冲突，或是冒犯了他，他便会狠狠地扎过去，丝毫不留任何情面。

说好听了，这是心眼儿小。说不好听了，这就是心胸狭窄、德行不好。

事实证明，爱记仇是人际关系的毒药，具有极强的杀伤力。是的，你受委屈，情绪不好，我可以理解。可一旦与人发生小矛盾就记在心间，念念不忘，找机会报复，那么多好的关系都会变得摇摇欲坠。

所以，我希望你能领悟这个道理。以下几点建议，能够帮你改变自己，成为一个宽容大度的人。

第一，宽容别人就是宽容自己。

同学不小心踩到你，小小的意外，笑一下就能轻松化解。你的宽容让人舒服，让同学愿意和你友好相处。伙伴误解了你，小小的冲突，解释清楚就可以了。你的"心大"，让伙伴感激，对你的好也会加倍。

你若是做出相反的选择，因为小意外、小冲突就得理不让人，那么你也会被别人怒怼，承受别人愤怒的炮火。你记恨他，他怨恨你，你的周围就会都变成"敌人"。

第二，不管是仇恨、抱怨还是怨怼，你越在意它，它就越膨胀，并且反过来冲击你、侵蚀你。

如果你读过希腊神话，对海格力斯就不会陌生。他被人们称为"大力神"，很强壮，很厉害，可是也有犯糊涂的时候。

某日，海格力斯在山上看到一个鼓起的袋子似的东西，不小心被绊了一下。他生气地踩了那个东西一脚。令他惊讶的是，那个东西不仅没被踩破，还快速地膨胀起来。海格力斯更生气了，找来一根木棒用力地捶打它。结果那东西越变越大，终于把上山的路完全堵死了。

海格力斯用尽了力气，也无法把那个东西挪开。他沮丧地坐在路边。这时，一位圣者来到他面前，微笑着说："朋友，快别动它了。你忘了它，远离它吧。它叫仇恨袋，你不犯它，它便会小如当初；你若犯它，它就会膨胀起来，与你对抗到底。"

听了这个故事，我希望你能明白——在与人相处的过程中，你会遇到这样那样的事情。只要你能够让自己成为"心大"的孩子，那么前方就是海阔天空。

第三，你要善于控制自己的情绪。不要以为你是孩子，就可以为所欲为。如果你不控制自己的情绪，一受刺激就乱发脾气，一点小事就记心里，那么你的心里就会积累许多解不开的疙瘩，这会让你的社交生活糟糕不已。

说到底，径路窄处，留一步与人行。只要你学会了宽容和原谅，就很容易被人善待。可若是你爱记仇，与别人计较得太多，那么你很难让人喜欢。

有什么不满说出来，不要低头生闷气

谁都有生气的时候，这是发泄坏情绪的一种方式。生闷气并不可取，不仅憋坏了自己，还伤了朋友情谊。

我家孩子的朋友小青爱生闷气。平时谁惹到她了，她就会一个人生闷气。她从不告诉别人自己为什么不高兴，而是让别人猜自己的心思。一旦别人猜不到，她就会更加生气，心里更加别扭。

有一次我家孩子和我说："和小青交朋友太累了。"我询问她原因，她无奈地说："她好像又生气了。这几天都不愿意理我。可是我想了想，也没发现自己做错什么啊！"

原来我家孩子发现小青有些情绪不对劲儿，不太爱搭理自己——找她说话，她爱搭不理，问她怎么了，她也只是说："没什么。"然后就转头离开。

我宽慰孩子说："你可以找她谈谈，问她出了什么问题啊！"

孩子苦笑着说："她就是不说！她总是喜欢一个人生闷气，我真是受不了。难道有什么事情不能说出来吗？"

听着我家孩子的苦恼，我也不知道说什么。其实，像小青这样的孩子真不少，或许因为性格怪僻，或许不知道如何表达，一些孩子就是喜欢一个人生闷气。说实话，这样的孩子真的不可爱！爱生闷气的孩子，人缘真的难说能够有多好。

所以，我想对你说：孩子，不要总生闷气，有什么不满就直截了当地

图6-3　坏情绪要说出来

说出来。你越是闷着，别人越是不明白。学会正面沟通，用平和且直接的方式释放情绪，让别人知道你有什么不满，在为什么生气，如此一来大家才好理解你，帮助你，人际关系才会得以维持。

从另一个方面来说，倾诉也好，宣泄也罢，都是舒缓、吐露心中不满和积郁的好方式。只要你能够把心中的积虑说出来，你的内心就会舒缓许多，心理也就能够趋于平静了。如果你不说出来，郁闷都积聚在心里，心理就会越来越失衡。

你吹过气球吧？如果你一直吹气，气球就会越来越大，达到极限后就会爆炸。坏情绪也是如此，你生闷气，气鼓鼓地不和别人说，越想越气，越想越郁闷，最后一旦爆炸，就会伤了别人也伤了自己。

而且，生闷气真的对身体健康和心理健康有不良影响。生闷气，就等于慢性自杀。

孩子，不要觉得我在吓唬你，这是心理医生经过多年研究得出的结论。美国一位心理医生做过一个实验，把一个正在生气的人的血液抽出来，注入小白鼠体内。不一会儿，小白鼠就开始变得焦躁不安，到处乱窜。又过了一些时间，小白鼠开始变得蔫蔫的、呆呆傻傻的，一整天都不吃不喝。之后，小白鼠的情况越来越糟，第三天就死掉了。

孩子，乱发脾气不是好习惯。当然，你的心中有不满和抱怨不说出来，一个人生闷气更不可取。那么，如果你对某事、某人不满，应该如何消除不良情绪呢？以下几种建议，可以供你参考。

第一，想开了，一切都 OK。

想想看，你的不满或是抱怨是不是都不是什么大事？既然没什么大事，为什么不看开些呢？

人们常说：大事，生气也没有什么用，因为解决不了问题，那还生什么气！小事，更加没有必要生气，因为不值得，那还生什么气！你若是什么事情都想得开，心情自然就好了，也就不会生闷气了。

第二，你可以找伙伴、朋友或父母倾诉，因为倾诉是最好的疗伤。

孩子，你不是一个人，你的身边人也不是敌人。遇到什么问题，你完全可以找个人倾诉，把心里话说出来！人们常说，快乐，说给一个人，就增加了一倍；烦恼，说给一个人，就减少了一半。

第三，你对同伴、同学有不满情绪，最好的办法就是当面锣对面鼓地说出你的不满。

我知道，你可能有所顾虑，担心若是说出不满会造成尴尬的局面，导致友情的小船翻掉。

可是你心有芥蒂，对方却毫不知情，难道就会好吗？相反，这会让情况更糟糕。你的不满会持续增加，导致情绪越来越消极，等到终于有一天你的情绪爆发时会真的毁掉友情。

可是你把不满当面说出来就不一样了。对方若是介意，怨你、怪你，这样的朋友不要也罢！对方若是反思，与你积极沟通，那么你们的友情就会越来越长久。

第四，生闷气是用别人的错误惩罚自己。

你是聪明的孩子，应该学会换个角度思考问题，把不满的情绪说出来，或是利用其他方式发泄出来。只有这样才不会让坏情绪影响自己的心情、健康，以及生活。

有时候吃点小亏，别人会觉得你真仗义

吃亏是福。这是小时候父母时常在我耳边念叨的话，可那时我怎能听得进去，一边嗯嗯啊啊地答应，一边不服气地想："哼，傻子才想吃亏呢！"

不要偷笑，此时你是不是也这样想？不瞒你说，年龄稍大一些，我就明白过来，有时候吃亏真的就是福。

在姥姥家，我是年纪比较大的孩子，上面有一个姐姐和一个哥哥，下面有好几个弟弟妹妹。每逢春节一大家子都到姥姥家聚会的时候，我们这群孩子自然快乐无比。可快乐归快乐，许多孩子在一起的时候也最容易闹矛盾，尤其是分好吃的东西时。

有一次舅舅拿来一大块蛋糕，分给我们吃。那时蛋糕可是稀罕物，一年到头也吃不到几次。几个孩子看到蛋糕就一窝蜂似的冲了上去，搞得分蛋糕的舅舅手忙脚乱。

可毕竟"狼多肉少"，舅舅又分得不均，谁也不愿意拿小小的那一块。最后在妈妈的再三暗示下，我极不情愿地选择了"吃亏"。没想到我的幸福就这样不期而至了，因为我的"仗义"，几个哥哥姐姐弟弟妹妹都高兴得不得了。之后，哥哥姐姐让着我，弟弟妹妹崇拜我，家里的大人也都夸我是个懂事、乖巧的好孩子。

我的心里自然非常高兴，之后也学会了"吃些小亏"，主动让着别

图6-4　吃亏是福

人。当然，这是我的小心机，因为我知道这让自己备受欢迎，还能得到不少"回报"。大人们知道我"吃了亏"，通常会找机会补偿我，多给我一些零食。

慢慢地，随着年龄的增长，我已经不把吃亏当作小心机，而是真正读懂了它的含义。

当然，或许你觉得我的故事没有说服力，那就讲一个古人的故事吧！故事发生在东汉光武帝年间，要是你到网上搜"瘦羊博士"，就可以窥见整个故事的全貌。

"瘦羊博士"，是一个人的外号，是对这个人的褒称、尊称。他的名字叫甄宇，是东汉时期的五经博士。什么是五经博士呢？就是当时专门教学生们儒家五经的学官，既是官员，又是老师。

光武帝非常重视儒家教学，每逢冬天寒冷的时候就会下令赏赐五经博士们每人一头羊。可是赏赐相同，羊有不同，有的胖，有的瘦，有的大，有的小。没有人想要瘦小的羊，人人都争着要肥大的羊。

甄宇觉得这是一件可耻的事情，于是主动选了一只最瘦小的羊。这让所有人自惭形秽，于是不再争夺，而是纷纷效仿他。这件事很快传到了光武帝的耳朵里。光武帝对甄宇大加赞赏，并且委以重任。很多年后，后人则留下"多少长安苦吟客，瘦羊博士擅风流"的赞扬诗句。

所以，有时候吃点儿小亏，才是真正的大智慧！聪明的孩子，你要把自己的心量打开，不要执着于占便宜，不让人。只有打开心量，福报才能进来。以下一些建议，可以给你参考。

第一，有舍才有得，要想获得，首先就要付出。

爱占小便宜，是人的天性。因此，如果你能够克服这一弱点，将会很受欢迎。孩子，你只有做到了不斤斤计较、不占小便宜，才能避免占了不该占的、抢了不该抢的，才能获得人们的尊重。

可若是你表面精明，处处想着占朋友便宜，时时想着为自己多拿些东西，时间久了，周围人就会看清你的自私自利，然后选择避而远之。

第二，吃亏是福，会给你带来好运气。

一些孩子认为吃亏就是"傻"，可真的如此吗？非也，这只是我们被表面现象迷惑而已。

不可否认，没人喜欢吃亏。可是你应该知道，所有事情都有两面性，愿意吃亏的人，大多是大度、老实、不斤斤计较且容易为别人着想的人。这样的人，谁不喜欢啊？所以，这样的人虽然表面上吃了亏，可是人缘会越来越好，会赢得越来越多的人的信任，机会也就会越来越多。

第三，你非要斤斤计较，争个你黑我白，小事情也能够争出大麻烦。可你若是不计较，不争抢，不好胜，大事也能化小，小事也能化了。所以，不妨大度些，偶尔吃点小亏，这对你有好处。

总之，一点儿亏都不吃的人，通常是人见人躲；愿意吃亏的人，通常总是人见人爱。

你这么任性，别人没法对你唯命是从

很多孩子都是被家长娇生惯养养大的，性格不怎么乖巧懂事，甚至还有些任性跋扈，经常在家里对父母、爷爷奶奶颐指气使。比如任性不讲理，稍有不顺心就哭闹、耍脾气；为所欲为，唯我独尊，要求大人必须听他的；不听话，固执，只要自己认定的事情就必须去做……

仔细想一下，你是不是也有类似的"病状"？

若答案是肯定的，那就太糟糕了。我敢保证你的人缘很可能不太好，贴心的朋友没有多少。因为你从小就任性，父母和家人都宠爱你，让着你，慢慢地你就"天下无敌"了。或许你没有意识到这一点，可潜意识下

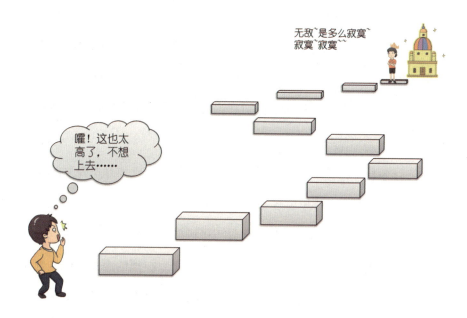

图6-5 "无敌"是多么寂寞

会把这种任性带到与人的交往中，你也将为此承担任性的后果。

不相信？来看看浩博的经历吧！

浩博 12 岁了。他被父母、爷爷奶奶视为珍宝，从小就被百般娇惯，自然也就形成了任性、蛮不讲理的性格。若是父母不答应他提出的要求，他便大耍脾气。小时候，他时常摔东西、哭闹，大一些时则不吃饭、不理人。亲戚家的孩子聚在一起，他是年龄较大的，可也是最不懂得谦让的。他爱吃的东西，谁也不能碰一下。他看中了别人的玩具，就非要抢过来。

有一个周末，他闹着让妈妈带他去海洋馆。可是妈妈早就安排好加班，于是便说改天再带他去。结果他依然不依不饶地大闹，扬言说必须今天去，不去不行。妈妈只能硬着头皮向领导请假，还被领导批评了一顿。

同时，他的任性也给学习和生活带来了很多麻烦。因为习惯了以自我为中心，在学校浩博也表现得非常霸道、自私，不懂得谦让、合作，时常与同学发生争执和争吵。与同学一起做事，他非要按照自己的想法去做，别人提出的意见一律不听；做游戏，他非要别人围着他转，别人若是不照顾他，他便大发脾气；他还特别喜欢支使、命令别人，言语之间尽是无礼……

他的行为是不讨喜的，他的人缘也是较差的。或许他并不是刻意做这些，但性格已经形成，哪里就容易做出改变呢？

因为习惯被家人娇惯、迁就，他骨子里已经有了强烈的自我意识，不自觉地就会表现出霸道、任性、蛮不讲理的一面。在他的潜意识中，别人会像家人一样爱他、让他，可谁又不是"最受宠爱的宝宝"，谁又愿意一直委屈地让着他呢？

可以说，社交的属性是趋利避害。当一个人变得更好——性格好、价值大、行为好的时候，人们就越来越喜欢他，愿意主动和他交往，而一个人变得更坏——性格不好、价值不大、行为不良的时候，人们就会越来越厌恶他，唯恐避之不及。浩博如此任性、脾气坏、不顾及他人，别人还不远离他吗？

对于你来说，任性其实是弊大于利的。所以，亲爱的孩子，千万不要那么任性，尤其是在你全面发展社交力的时候，更需要改掉任性的坏毛病。以下几种做法，可供你参考。

第一，不要以自我为中心。很多时候，孩子之所以任性，是因为习惯以自我为中心，对是非的判断往往以自己是否愉快为依据。或许小时候，你还不懂什么是为他人着想、理解、尊重，但长大后你就必须懂得这些词的含义，避免进入自私、以自我为中心的误区，杜绝错误行为、坏的习惯。

第二，要学会遵守规则。一个不懂规矩的孩子，很难顺利地和别人打交道，也学不会配合、合作和分享。所以，你需要学会守规矩，既要遵守家庭里的规矩，又要遵守学校的规矩。

第三，要提高社交商。以自我为中心的孩子，通常性格太霸道、骄傲，很难顾及他人的感受，更不会体察他人的情绪。所以，你需要提高自己的社交商，学会倾听、顾及他人的感受和情绪。这是一种高情商，更是一种教养。

总之，你要明白一点：除了父母之外，没人会愿意忍受你的任性，也没人会对你唯命是从。所以，远离任性行为，管住自己的坏脾气，只有这

样你才会受到他人的欢迎。

那些情绪化的孩子，没人会喜欢

诗人泰戈尔曾经说过："内心的平静是智慧的珍宝，它只会跟智慧一样珍贵，比黄金还令人垂涎。"脾气好、内心平和的孩子最受人欢迎，因为他们的交际能力更强一些，天生就具备友善的个性，同时还能控制自我情绪。

要知道，大部分人很难控制自我情绪，很容易受到情绪的影响。别人的一句话，可以使他火冒三丈；莫名其妙地生气，不开心，也不理人；遇到一点儿小事就不停地抱怨，把怨气发泄到别人身上……

那些自我意识较强、自我控制能力较差的孩子，情绪化更严重，发脾气、闹情绪更是家常便饭。可不管是大人还是孩子，一个人若是太情绪化，不能保持情绪的稳定，就很难被人喜欢和接受。

女孩琪琪非常情绪化，不管在家里还是在学校都是说爆发就爆发，没有一点儿顾忌。在家里，若是要求得不到满足，她就会耍脾气，大声地哭闹，好像要把所有的"委屈""不满"都发泄出来。父母好声好气地劝，她不但不领情，反而越哭声音越大。可一旦父母表示答应她的要求，她就会立即停止哭闹，好像雷阵雨般说停就停。

在学校也是如此。有时候和同学一起玩，别人不小心碰到她，她马上就发作了，指责人家："你为什么不小心？""难道你没长眼睛吗？"有时候

图6-6　"情绪化"是"好人缘"的最大阻碍

别的同学说些什么，她便敏感地认为人家在说她，不是委屈地哭泣就是大声地反驳。

琪琪学习成绩很好，自我优越感很强，认为自己处处比别人强。一次学校组织演讲比赛，老师让同学们选择最合适的人选，她认为所有同学都会选自己。谁知同学们却"偏向"另一位同学，只有极少数人选了她。

她站起来大声喊道："为什么是她？她长得不漂亮，学习也不好。"

老师耐心地问："琪琪同学，你不能不尊重其他同学，×××同学很优秀，演讲水平也不错。我相信她一定可以取得好成绩的。""虽然你也很优秀，但这结果是同学们投票选出来的，我希望你能放平心态……"

老师还没说完，琪琪便气呼呼地说："哼，这不公平！我不相信她比我好！你们一定会后悔的！"说完就跑出了教室。

看吧！这样的孩子怎么可能有人喜欢？！

说到底，琪琪就是太情绪化了，不懂得如何与人交往，不懂得如何控制自我情绪，俨然成了不良情绪的"奴隶"。而这背后的根源就是她太以自我为中心了，心理承受能力也非常差。

所以说，如果你脾气大，容易情绪化，那么情绪管理就是你必须学习的一门课程。因为情绪是一个人认识自我、他人、环境的最好方式，是进行良好社交的前提和保证。

孩子，你应该学会控制自己的情绪，努力让自己静下心来。具体来说，你可以做以下的尝试。

第一，正确认识自己的情绪。认识自我的情绪，是管理情绪的基础。每个人都有各种情绪，包括高兴、悲伤、愤怒、兴奋、不平、惬意等，其中有积极正面的情绪，也有消极负面的情绪。

孩子，不要压抑自己的情绪，要学会正确地让情绪发泄出来，否则它就会给你的社交造成不良影响。

第二，你要学会自我控制，适当地宣泄情绪。控制自我情绪，说起来简单，可做起来并不容易。你可以选择适当的发泄渠道，比如数几个数，让自己冷静下来；听音乐、跑步、自我鼓励和安慰；放平心态，不过于在乎自我感受，不过于计较得失。

第三，你要弥补自身的性格、心理缺陷。很多孩子容易情绪化，是因为自身性格和心理存在着某种缺陷。比如孩子任性、霸道，就容易发脾气，一不顺心就爆发；再比如孩子敏感、娇气，就容易因为一点点小纷争就怒气冲冲。所以想要控制好自己的情绪，你就应该先弥补自身性格、心理的缺陷。

孩子，你的年龄还小，我不要求你能做到处变不惊、时刻保持内心平静，事实上很少有孩子能做到这一点。可是，你要学会控制好自己的坏情绪，时刻提醒自己不被坏情绪支配。因为没有人愿意看到你发脾气的样子，也没有人喜欢情绪化的你。

所以，赶快行动吧！

第7课　从今以后，好好说话

——管理好自己的嘴巴，人间友爱全靠表达

你越会说话，别人就越喜欢你。所以，你可以自信地表达自己，但也需要尊重他人，避免说出让人不舒服的话，更要避免口出恶言。管好自己的嘴巴，好好说话，今后受益的终究是你自己。

你喜欢骂人，那你喜欢被人骂吗？

交朋友，你喜欢结交什么样的人？

开朗、友善、温柔的，还是有主见、勇敢、聪明的？

我猜你会选择身上有良好特性的小伙伴，绝不会选择不讲文明、没礼貌、脾气差的同学，对吧？当然，没有谁是完美的，也没有谁身上没有一个缺点，有的孩子内向、急躁，有的孩子骄傲、不勇敢，然而没有哪一个缺陷比爱骂人更让人不舒服了。

孩子，你肯定不会喜欢被人骂，也不会喜欢和爱骂人的小伙伴一起玩。既然这样，我觉得你也应该明白，不应该让自己成为那样的人。可事实恰好相反，你嘴里总是有一些不好的口头禅，还把骂人当作一种发泄情绪的手段。

当然，也许你抱有这样的想法：我是孩子，说点儿脏话没问题！这只是我的口头禅，没有什么恶意！

可是你考虑过一个问题没有？你不喜欢被人骂，难道其他小伙伴就喜欢吗？

什么事情不发生在自己身上，人们永远都不知道别人有多难受、多受伤。说到底，这就是因为你没有感同身受，所以才会对自己一再纵容。

随便骂人，缺乏礼貌和教养不说，你的礼貌意识也是淡薄的，不知道自己的行为会让对方不舒服。你觉得这根本不值得一提，于是逐渐养成了这个坏习惯，甚至让自己失控而不自知。最后的结果是，你的脏话伤到了别人，别人为此受到了伤害。久而久之，你也会遭到别人的厌恶，成为不受欢迎的孩子。

上四年级的男孩小柳经常出口脏话，"滚""傻×"等脏话就是他的口头禅。和小伙伴交流，他经常说出一些不文明的话，而且稍有不顺心就爆粗口。这样的孩子，小伙伴如何对待他呢？自然是自动远离他，把他隔离起来。

看到没有同学喜欢自己，小柳的情绪越来越焦躁，于是更想用脏话来发泄情绪。结果他的言行变得更夸张出格，也把小伙伴推得更远。

喜欢骂人的孩子，走到哪里都不会受欢迎，这一点肯定是不变的。若是你年纪小，或许大人、小伙伴会原谅你。若是你偶尔为之，或许不会有太大的影响。可若是你已经十几岁了，却时常口出脏话、随意地骂人，那就别怪人家隔绝你了。

图 7-1　骂人也是一种"暴力"

学会好好说话，不骂人，不恶语伤人，这是一种好的修养，也是一个与人相处的技巧。朋友之间情谊的延续，很大一部分都是依靠语言。你说出的话谦让、友善、动听、温和，自然让人喜欢。相反，你说出的话粗犷、难听、不礼貌、带脏字，自然就会令人厌恶。

　　路是你自己走的，话是你自己说的。所以，亲爱的孩子，你说出的话能不能不伤人、不带脏字？改变说话的方式，让自己温和一些，说出的话好听一些，你的世界就会充满友爱。以下几种建议，也许可以帮到你。

　　第一，你要改掉坏习惯。孩子，喜欢骂人是一种不良行为，是你从小就养成的坏习惯。或许你也是原生家庭的受害者，整天生活在一个充满脏话的环境中，或许受到身边其他人的影响，但不管怎样，这是不好的行为和习惯，你需要努力做出改变。

　　坏习惯是可以改变的，只要你有决心和毅力。不纵容自己，加强自我管理和控制，那么你就可以成为讲文明、懂礼貌的好孩子。

　　第二，转移注意力。当你情绪不好，想要骂人时，可以转移自己的注意力，停止想那些不开心的事情，或是干脆闭上嘴巴，让自己冷静下来，等情绪稳定了再说话，就不会冲动地想骂人了。

　　第三，喜欢骂人不是真性情，是真的情商低。即便你是心善友好，恐怕也容易让人远离你。因为没人愿意听别人的恶言恶语，也没有人能够从脏话、恶言中感受到你的所谓心善和友好。

　　孩子，你需要问问自己：别人总是对你出口成"脏"，然后就像什么事都没发生，你会欣然地与他说笑吗？别人一有不顺心的事情，就不管三七二十一地痛骂你一通，你的心里能舒坦吗？

　　你不要把"我没有恶意""这是我的口头禅"挂在嘴巴上，提高自己的情商，学会说好听的话，说文明的话，如此一来，你身边的朋友才能够越来越多。

管住你的毒舌，揭短扎心的话不说

子曰："夫龙之为虫也，柔可狎而骑也；然其喉下有逆鳞径尺，若人有婴之者则必杀人。"

孔子曰："小韩说得特别有道理！"

解释一下，讲文言文的那位，并非圣人孔子，而是战国法家掌门人韩非子。

有同学可能要问了，你讲了半天，韩掌门这句话到底是什么意思啊？

韩掌门表示，龙是一种特别温顺的动物，喜欢和人类做朋友。你和它相处好了，它可以当萌宠，还可以当坐骑，骑着它出去，简直不要太威武霸气。

但是，龙的脖子下面有一片三尺多长的逆鳞，不管你和它的关系有多好，要是敢碰它的逆鳞，它分分钟要你性命。

我不知道韩掌门有没有见过龙，我也不知道这世上到底有没有龙，但我知道，这个道理说得通。

——不信你以刚猛手法反方向撸一下猫尾巴，看看它跟不跟你炸毛又龇牙！

其实，不止动物有自己的忌讳，人也有。比如鲁迅先生笔下的阿Q和孔乙己。

这两个人物虽然性格有所不同，但都有一个共同点——最怕别人揭短。

　　阿Q最厌恶别人提自己头上的癞疮疤，不管对方有意无意，谁提跟谁急：碰见嘴笨的他使劲儿喷脏话；碰见弱小的他就狠狠地打；碰见打不过的，他虽然能忍一时之气，但也会想方设法地针对人家，暗地里使绊子。

　　孔乙己则最不喜欢别人拿自己过去的糗事当谈资，一旦有人说出来，他立刻脸红脖子粗，无理也要跟你杠三分。

　　短处，谁没有呢？有些人自己心里其实也很清楚，可这短处要是从别人嘴里说出来，那味道就变了，心里相当不舒服。如果打人不被警察叔叔处罚，恐怕一言不合就要拳脚相加。

　　大人们常说："打人不打脸，骂人不揭短。"说的就是这种情况。

　　我小时候同村曾有两个好朋友，一个叫陈歌，一个叫赵山河。

　　有一天，赵山河很生气地对我说："我决定和陈歌决裂，没想到他竟是这样的人！"

　　我一看情况不对，赶紧问怎么了。

　　赵山河告诉我，他把陈歌当成最好的朋友，什么话都跟他说，甚至包括自己一紧张就尿急这种隐私。

　　结果有一天他俩发生了争执，陈歌当着全班同学的面吼他："赵山河，你若感觉你有实力和我玩，我奉陪到底，我最喜欢对那些自以为能力出众的人出手，我可以有一百种方式让你紧张到尿裤子！"

　　赵山河顿时恼羞成怒，感觉无地自容。陈歌当着许多同学揭穿他的隐私，他的内心无比崩溃。

　　听完赵山河伤心的倾诉，我当时就吓得倒吸了一口冷气。我赶紧回忆了一下，还好，我对陈歌说过的最大糗事，就是小时候尿过被子。这事倒是可以随便说，谁小时候没尿过床！

我一边夸赞自己的安全意识，一边决定从此和陈歌保持一个安全距离。

每个人的短处往往是他内心最大的秘密，甚至是他内心不可触碰的痛。

当小伙伴向你坦言自己的短处时，说明他非常信任你，特别相信你的人品。

当你拿别人的短处当谈资、开玩笑，或者进行人身攻击时，这份信任就已经被你撕得粉碎了，同时被你撕碎的，还有自己的人品。

图 7-2　人人都有"逆鳞"

聪明的孩子从不会在这方面犯错，因为这体现了一个人的修养。

所以，不管在什么情况下，请注意你的口德，管好自己的毒舌。

第一，对于别人的缺陷、缺点，就算你看不顺眼，也不要加以攻击，更不要当众拿别人的缺点当攻击武器。因为那样做有失品德！

第二，对于别人的隐私，不管你从什么渠道得知，让它在你这里终止。你可以不管别人是否传播，但你自己不能成为散播者。因为那样做不道德！

第三，不要在别人的伤口上撒盐。比如小明的父母身残，家境贫寒。小明自幼遭尽白眼，内心卑微敏感。如果你号召同学们为他捐钱，哪怕你真的是好心使然，他可能也会对你全无好感。

第四，要明白人无完人，接纳别人和你的不同。在与小伙伴的相处中，要时刻注意维护别人脆弱敏感的自尊心，不要口不择言、盛气凌人、尖酸刻薄、骂人诛心，不要对别人造成伤害。

其实，就算你和小伙伴不小心弄翻了友谊的小船，你还是应该经常提及朋友的优点，这样别的小伙伴会说，那谁谁是个正人君子，值得交朋友。

相反，如果你和小伙伴闹翻了，你便经常到处说人坏话，当众揭短，传播隐私，甚至无中生有，捏造事实。那么别人一定会说，那谁谁人品非常渣，我们不要和他一起玩耍。

快戒了吧！"杠精"精神

小伙伴："×××好厉害，这次考试拿了全年级第一。"

你："这有什么厉害的，只是他比较走运。我要是好好学，肯定也能拿第一。"

小伙伴："×××代表学校到市里参加演讲比赛了，好羡慕啊！"

你："不就是一个演讲比赛嘛，有什么好羡慕的。他的口才也没那么好，只是受老师欢迎而已。"

孩子，你是否熟悉这样的说话方式？你是否也喜欢和人抬杠，而且还暗自得意把别人怼得哑口无言？要是如此，可就得注意了。因为你爱抬杠，见到谁就怼谁，真的很招人厌烦，很可能让自己成为不受欢迎的孩子。

你是"杠精"。你自以为伶牙俐齿，展示了自己的口才。你自以为比别人优越，看不起任何人。可是，你为了反驳而反驳，狂刷存在感，又贬低别人的样子，真的不好看。

即便你说的情况是事实，依旧无法消除嘴巴毒、口气硬的杀伤力。

有个孩子叫小刚，家庭不幸福，父母很早就离异了，妈妈对他的关心很少。叛逆，缺乏关爱，让他从小就学会了"抬杠"，无论妈妈说什么他都为了反驳而反驳。久而久之，抬杠、怼人就成了小刚说话时下意识的习惯，不管别人说什么他都会"杠回去"。

别人说东，他非要说西；别人说某某老师不错，他非要挑出一大堆毛病；别人提议春游，他则说："还以为自己是小学生嘛，春游有什么好玩儿的?"就连别人想关心和帮助他，他都会毫不领情地怼回去。

　　熟悉小刚的人都知道他爱抬杠的原因，都知道他人不坏。但是，因为他堕入了"杠精"的深渊，很难好好说话，所以他把身边的人都得罪光了，在自己和世界之间竖起了一道高高的围墙。

图 7-3　"杠精"

　　不得不承认，小刚是不幸的，可这不幸不仅仅是源于原生家庭，更源于他本人。他受到了伤害，想要用语言武器来保护自己。他的内心敏感、脆弱，想要用尖利的语言来抵御外界的冲击。可殊不知，这语言的利器不仅伤害了别人，也伤害了自己。如果他不戒掉"抬杠"的坏习惯，就只能永远一个人生活在阴暗的角落里。因为他已经让自己身边空无一人，没有友情，没有关怀。

台湾作家蔡康永说过，我们每一个人，都在自己心里面设定了一个小的王国。我们理所当然地把自己当成这个小王国的国王。我们希望环绕在我们身边的每一个人，都为我们这个小国王服务。所有人都听我们的话，以我们的意志为意志，为我们服务。

同学，如果你和小刚一样，那么快戒掉"杠精"模式吧！你所谓的"抬杠"都是无意义的争辩，都是故意找碴的反驳。虽然你是不成熟的孩子，但是也要学会成长，尝试着走出自己的小王国，而不是利用"抬杠"来满足自己的心理欲望。

你需要明白一点：真正的人生，不是在言语上战胜别人；真正的存在感，不是用"抬杠"来体现。只有你的语言表达了你的爱心、友好、善意时，你才能赢得他人的喜欢。也只有这样，你的人生才能更加丰盈。孩子，以下建议供你参考。

第一，不扫别人兴致，是与人说话最基本的要领。很多喜欢抬杠的孩子，一开口就有让人扫兴的超能力。别人说："我想好好学习。"他说："你这么笨，怎么努力也没用。"别人说："我终于拿到了这个奖项。"他说："这样的奖项毫无含金量。"

这样的人多以耿直、说话直自居，或许他真的没有坏心眼，只是缺乏情商，没有考虑他人的感受，但是这样的人真的不招人喜欢。

第二，不抠字眼儿，不为了反驳而反驳。喜欢抠字眼儿的人，说的话看似有道理，其实就是在强词夺理，甚至故意歪曲别人的意思。

你说："学习间隙应该注意休息。"他就说："总是想休息，不努力学习，怎么提高成绩？"甚至说："你是不是让我休息，然后你自己偷偷学，好超过我?!"这样的话难道不是"抬杠"和强词夺理吗？

第三，不以自我为中心，不过于自我防御。如同上面的小刚，如果你过于敏感，过于自我防御，就成了"杠精"和刺猬，不管什么时候都无法让人靠近。

从心理学上来说，喜欢"抬杠"的人都是极端的以自我为中心的人，还喜欢用自己的想法来揣测对方，或是把自己的想法强加于人。

比如明明是你受了欺负，他却说："为什么别人只欺负你，你自身肯定也有问题。"明明别人说得有道理，他却喜欢说："不，你不对。""不，你听我说。"……

亲爱的孩子，任何习惯的改变都不是一朝一夕的事情。可是你不行动，就永远都不可能改变。至少，你需要从现在做起，从小事做起，管好自己的嘴巴，尽最大可能避免"抬杠"。慢慢地，你的内心、处境都将大有改善。

乱讲笑话，可能被小伙伴"拉黑"

生活中很多人喜欢开玩笑，不时说个笑话，或是拿身边的人调侃一下。这原本很好，因为幽默的话语可以很好地活跃气氛，拉近与他人的距离，让自己成为受欢迎的人。

你平时也会和朋友、同学开玩笑，别人也会和你开玩笑，你通常会洒脱地一笑了之。

可是，别人的玩笑也有让你听着不舒服、感到尴尬的时候。那个时候，你对开玩笑的人很是反感，即便你们的关系真的很好。

说到底，玩笑可以开，但是没有人喜欢乱开玩笑的人——不管这个人是不是你的朋友。所以，如果你不想被人视为敌人，最好不要乱讲玩笑。

与人交往时，要注意说话的分寸，管不好自己的嘴巴，这不仅是沟通能力弱的问题，更是一个人素养低和情商低的表现。

图 7-4 "玩笑"的分寸

大文豪苏东坡，你一定知道，就是他吟出了"大江东去，浪淘尽，千古风流人物"的豪迈诗句。哪个同学没有背过他的几首诗词呢？

苏东坡喜欢结交朋友，他的朋友来自不同的阶层，有达官贵人，也有贫寒之士。就这一点来说，苏东坡很值得人赞赏。因为他交朋友从来不分高低贵贱。

可是，苏东坡有个怪癖，就是爱开玩笑。说好听点，就是幽默风趣。说不好听点，就是尖酸刻薄，喜欢戏耍他人。

有一次，苏东坡特意给表兄兼好友文同写了一首诗，诗中写道："汉川修竹贱如蓬，斤斧何曾赦箨龙。料得清贫馋太守，渭滨千亩在胸中。"这里的"箨龙"就是竹笋。苏东坡嘲笑文同穷酸，只能靠吃廉价的竹笋来解馋，可怜那些漫山遍野的竹子都被他用来填饱肚子了。短短几句话，就让人发笑。这件事本来没什么，因为苏东坡和文同交好，而且文同也是文人，自然能理解其嬉笑之言。

然而苏东坡开玩笑却失了分寸，时常拿别人的缺陷取笑，搞得自己被人记恨。他曾经写过一首诗《西山戏题武昌王居士》："江干高居坚关扃，犍耕躬稼角挂经。篙竿系舸菰茭隔，笳鼓过军鸡狗惊。解襟顾景各箕踞，击剑赓歌几举觥。荆笄供脍愧搅聒，乾锅更戛甘瓜羹。"诗句由声母相同的字组成词句，读来十分拗口，就是为了嘲笑王居士口吃的毛病。

中书舍人刘贡父晚年得了一种怪病，头发眉毛脱落，鼻梁塌陷。苏东坡竟然当众改用刘邦的诗句"大风起兮眉飞扬，安得猛士兮守鼻梁！"来嘲笑刘贡父。刘贡父听了，尴尬地无地自容，满脸通红。

后来，苏东坡还拿大儒程颐乱开玩笑，引得程颐学生和许多儒士群起而攻之。最后苏东坡不得不请求外调，前往杭州就任知州来避难。

看到了吧！这就是乱开玩笑的后果！

孩子，玩笑是不能乱开的。与人交往，你要做的不仅是取悦自己，还需要取悦他人，尊重他人，更要考虑他人的感受。若是你的玩笑可以让所

有人都开心，那就可以多开一些。若是这玩笑只娱乐你一个人，让对方感到不舒服，甚至涉及对方的缺陷、隐私、人格，那么最好闭上嘴巴。

无论是面对朋友、熟人还是陌生人，无论对方是性格开朗还是"玻璃心"，乱开玩笑都是要不得的，过分的玩笑更是不能开的。

所以，开玩笑之前，请你设身处地地为他人想一想，是否会让对方尴尬或不舒服。否则等玩笑开过了火，你再去道歉，就晚了。以下几点建议，可供你参考。你只要做到这些便不会失了分寸。

第一，开玩笑，要注意时间、场合、对象。有的场合可以开玩笑，比如非正式场合，朋友聚会，同学聊天等。有的场合不可以开玩笑，比如正式场合，课堂上，开会中，与老师、家长谈话时等；熟人、朋友可以开玩笑，陌生人、不熟悉的人就不适合开玩笑。有的小伙伴性格开朗，你可以和他开玩笑。有的小伙伴心思敏感，那你就应该避免与他开玩笑。

第二，可以开玩笑，但是请注意口德。说话要讲道德。你可以与人开玩笑，但是要注意分寸，尤其不能够拿人家的缺陷或隐私开玩笑，还毫不在乎地说："这只是个玩笑，何必这么计较。""玩笑都开不起，真是矫情！"那你就是没礼貌、没教养的孩子，很容易惹人厌恶。

第三，开玩笑前要考虑两个问题：一是你开玩笑的初衷是什么，是为了活跃气氛，还是为了拿别人取笑？二是对方的接受能力如何，是能接受你的调侃，取外号，还是比较保守，心思敏感？

如果你是为了活跃气氛，那么这个笑话可以开。但是如果你是为了贬低他人，抬高自己，那么就不要开！否则就会被人拉黑，甚至让人憎恨。同时，每个小伙伴的性格不同，接受玩笑的程度也不一样。如果你发现某个小伙伴"开不得玩笑"，那么就应该三思而后行。

背后说人闲话，这委实不好

写下《伊索寓言》的伊索是个有智慧的人，要不然也不会给我们讲那么多富有哲理的故事。伊索讲的小故事真的很有趣，相信很多同学都曾忍俊不禁。

可是你知道吗？伊索原本是一个奴隶，多次被转卖，后来因为聪明过人、知识渊博才获得自由。下面这个故事足可以让你见识他的聪明和智慧：

伊索做奴隶的时候，有一天主人要请一些哲学家进餐，吩咐他做最好的菜来招待客人。

伊索收集很多动物的舌头，打造了一桌丰盛的舌头宴。

主人宾客都大惑不解，询问他为什么认为舌头宴就是最好的菜。伊索笑着说："舌头能言善辩，对于哲学家来说，难道不是最好的菜肴吗？"

哲学家们笑着称是，纷纷夸伊索聪明，同时想再考验他一下。于是，主人又吩咐伊索明天再准备一次宴席，但是要最坏的菜肴。

第二天，主人和哲学家们发现餐桌上摆的依然是舌头宴，主人假装生气地责备伊索道："你昨天说这是最好的菜肴，今天怎么又说这是最坏的？这做何解释？"

伊索自信地说："难道不是吗？我们时常说祸从口出，所以舌头也是最坏的东西啊！"

听了这话，主人和哲学家们都对伊索赞赏不已。

图 7-5　言语如花也如刀

是啊！舌头是最好的，也是最坏的。它能说出最好听的话语，也能说出最难听的话语；它可以当面与人滔滔不绝地争辩，也可以私下里窃窃私语，说闲话。在人们背后说这说那，用一个词来概括就是"嚼舌头"。"嚼舌头"通常都是背着人的，所以多数都是闲话、坏话、信口胡说、搬弄是非。或许很多人觉得"说说没什么""只是聊个八卦而已"，可这样真的很不礼貌，也特别不招人喜欢。

来说是非者，必为是非人。

如果你习惯背着人说一些闲话，那么小伙伴就会对你敬而远之。若是你除了背后议论别人，还加上一些嘲弄、贬低、歪曲、夸大的话语，那就更招人痛恨了。

让我印象极深的是初中时的一件事。女生小花闲得无事喜欢与人说些闲话，比如，甲在场，则说乙如何，乙在场，则说甲怎样。我亲耳听到过无数次，她与同学聊起别人的隐私，可谓不亦乐乎。

有一次，小花故作神秘地拉着几个同学，说："过来，过来，我和你们说个事儿，你们一定没想到×××竟然喜欢隔壁班的×××……"

还有一次，同学晓君在校外演讲比赛拿了一等奖，受到了老师和学校的表扬和奖励。大家都夸奖晓君，纷纷向她表示祝贺。可是小花却私下里说："这有什么了不起？其实这次比赛根本轮不上她。我听说因为她妈妈给老师送了礼，才让她得到这个机会……"

这个说法很快就在校园里流传起来，很多同学对晓君指指点点。晓君为了证明自己的清白，立即追查传言的源头，最后弄清楚是小花说的，便将此事报告给老师和学校。此时，小花已经吓坏了，胆怯地说："我只是随便说说而已！"

晓君气愤地说："随便说说？难道你不知道说闲话会害死人吗？我明明就是凭能力拿到机会，你为什么无中生有？！"

最后，老师和学校给予小花严厉的批评。从此，小花成了学校最不受欢迎的人，人人都对她敬而远之。最后她不得不选择转学。

孩子，你需要明白，背后说闲话是一件不太好的事，很可能会影响别人的生活，更有可能会给自己招来麻烦。所以，你需要管住自己的嘴。下面几点建议，可以供你参考和借鉴。

第一，即便有些事情是真的，你也不要私下议论，尤其是涉及小伙伴的隐私就更不能随意议论。如果被当事人知道了，你的处境就会变得很尴尬。

把别人的事情当作闲聊的话题，或是议论别人的隐私，即便你没有什么恶意，也会给人家添堵。毕竟人人都不想成为被议论的对象，对吧？

第二，平时千万不要听信别人的传言，更不要传播传言，尤其不要对别人的事进行歪曲、夸大、嘲弄，甚至恶意地抹黑别人。

我相信，你是善良的孩子。千万不要无中生有，说人坏话，因为这除了显示你的不礼貌、没教养，真的别无其他。

第三，虽然有时你不主动说别人闲话，但是有人会发起关于某人闲话的话题。这个时候，你千万不要参与其中，最好的办法是把话题转移到其他事情上，比如天气，或是学习。

总之，你应该管好自己的舌头，不要随便背后说人闲话。同时，若是你身边有这样的人，那么你应该有多远躲多远，为自己规避麻烦。

谢谢两个字，表明的是一种态度

孩子，你会说"谢谢"吗？

或许你会对此嗤之以鼻地说："当然。"可你真的善于说"谢谢"，又真的懂得这两个字的含义吗？

"谢谢"两个字，顾名思义是对别人的感激，可它不只是一句口头禅。这两个字不是你在得到帮助后给予别人的回报或客套话，而是代表了你内心的感激。

大人们常说，学会感恩，从心底感谢身边的所有人，生活才会美好，人际关系才会良好。这一点儿都没错。所以，学会感恩，从说"谢谢"开始。爸爸妈妈为你准备饭菜，送你上学，给你买礼物，不要忘了说"谢谢"；同学、朋友为你喝彩，给你安慰，不要忘了说"谢谢"；陌生人为你指路，给你按电梯，也不要忘了说"谢谢"。

当你学会了说"谢谢"，并且发自内心地感恩，所做的一切便都化为充满爱意的行为，让人舒服和满心欢喜。

孩子，生而为人，你可以不优秀，不出色，可以不口若悬河，不思维敏捷，但千万不能不懂得感恩。对于别人的好，你完全看不到；对于别人的付出、帮助，你当作理所当然；人虽漂亮，心却冰冷，语言却硬邦邦，只能让人逐渐远离你。

或许你会说："我为什么要感恩呢?""我从来没有觉得别人帮助过我，那些事情都是他们应该做的，是他们应尽的义务，是他们的工作职责。"可是仔细想一想，真的如此吗? 即便是父母，他们虽然有养育我们的义务，可是就不用感谢了吗? 那无私的爱，你就得到的理所应当吗?

图7-6　感恩是一种人生态度

羊有跪乳之恩，乌鸦有反哺之义。动物尚且如此，你为什么不懂这个道理呢？

有很多懂事的孩子，懂得感恩，对谁都心怀感激。也有很多不懂事的孩子，永远记不住别人的好，也从来不说"谢谢"。当然，两种性情不同的孩子，人缘和生活也是截然不同的，相信他们将来的人生也大不一样。

孩子，我希望你属于前者。当然，你还需要知道几个注意事项，这对于你的社交生活很有帮助。

第一，学会好好说话，做到彬彬有礼。生活像一面镜子，你对它笑，它就对你笑，你对它哭，它也对你哭。

与人说话也是如此。你好好说话，彬彬有礼，常说感谢的话，别人也会对你充满善意。你句句扎心，恶意满满，别人自然也会对你毫不客气。

说话，凸显了你的口才，也表明了一种态度和修养。

第二，感恩，应该从生活的细节开始。每个孩子，从小都接受父母的感恩教育："别人给你礼物，要说谢谢。别人帮助你，要说谢谢。"这是每个孩子从小就接受的教育，也是良好礼仪形成的前提。

很多孩子做得很好，但是很多时候一些孩子却忽视了这一点，甚至认为这些都是微不足道的小事，没必要说什么感谢。然而，忽视了这些小事，不在意这些细节，好习惯还能养成吗？

第三，你要懂得心存感激，不把亲人、朋友、同学、师长关心和帮助你的行为当作是理所当然。感恩，是中华民族的传统美德，更是一个人的立身之本。父母把爱都给了你，你却当作理所应当。朋友和同学给予你帮助，你却暗自嘲笑他人傻。师长为你传道授业解惑，你却认为那是他的工作，他只是为了赚钱而已……

这不是自私、冷漠、无情，是什么？

一个孩子不懂感恩，长大之后，纵使再有能力和成就也很难在这个社会立足。我遇到过一个孩子，已经 15 岁了，按理说该懂事、懂礼仪了。可是，因为从小被娇生惯养，这孩子养成了自私、冷漠的性格。

一天，妈妈做了他最喜爱的糖醋排骨。可是刚吃一口他便大声地抱怨起来，原因只是这道菜有些咸了。

妈妈强压愤怒，控制住情绪，对他说："妈妈辛苦地工作了一整天，回家还给你做最喜爱的排骨，你连一句感谢都没有，反而这样抱怨个不停，你觉得对吗？"

他毫不在意地说："你是我妈妈，给我做饭不是应该的吗？再说，你把菜做得这么咸，难道还想让我感谢你吗？"

妈妈有些生气地批评他说："你这孩子怎么不懂事呢？"

他则说："你生了我，就要养我，给我做饭。这是你的义务啊！"

妈妈没想到自己的孩子这么冷漠，不禁暗自落泪。

诚然，孩子的性格有缺陷，相当一部分原因是源于父母的溺爱。可是一个 15 岁的孩子已经有了自主意识和自我思想。他什么道理都懂，却不知感恩，那就是态度和品质问题了。

说到底，一个人的年龄在增长，需要心智、情感、思想一起成长，需要学会爱，学会对亲人、身边人说谢谢。多说谢谢，你的感恩意识就会不断加强，表现出来的便不再只是抱怨和苛刻。

不管什么时候，学会感恩，阳光便会成为你社交生活和人生的支点。

第8课 孩子，来场实战吧！

——从身边人开始小试牛刀，实景历练你的社交技巧

俗语说："上山方知山高低，下水方知水深浅。"对于每个孩子来说，社交力的提升是需要不断锻炼和实践来实现的。所以，你需要掌握一些社交技巧，更需要进行一系列实战。接下来，从身边的人开始，一番历练之后你的社交力便可以大大提升。

发挥你的好学生魅力，让老师特别看好你

对于每个孩子来说，社交是一种需要不断锻炼和学习的能力。

每个孩子的大部时间都是在学校里度过的，所以和老师的关系就成了人生第一个要面对的人际关系。

所以，能与老师和谐相处，不仅会提升你的学习成绩，更关系到你的性格养成和社交力的形成。

有的同学说了，那与老师相处时我是恭恭敬敬，还是打成一片呢？选择这两种方式的同学都大有人在，前者通常性格内向，懂规矩，守纪律，自然成绩也不错，可就是多了一些疏远感和畏惧感。后者相反，性格通常外向，和谁都能打打闹闹，和老师也不例外，可是缺少了一些分寸。

可以肯定的是，这两者都不太恰当。想想看，你对老师过于敬畏，平时总是躲着老师走，有问题也不太敢问，那成绩如何好？关系如何融洽？你过于随意，不把老师当老师，犯错也不在意，又如何管理好自己？

其实，敬而不畏，亦师亦友，这样的相处方式才是最好的。

老师平时给你传道授业解惑，或许对你严厉，或许对你温柔。但不管怎样，每一位老师都是真心对待每一位同学。你需要对老师怀有敬畏心，却不能抱有惧怕心、疏远心。

你可以把老师当朋友般交往，亲师而不畏师。当然，你需要明白一点，任何关系都不应该过度，否则就是一种危险的征兆。你对每一位任课老师都需要做到敬而不畏，亲而有间，如此一来，师生关系才是融洽和愉快的，同时你的成绩也会噌噌噌地向上飙！

又有同学说了，老师都喜欢好学生！哪有老师喜欢"坏"学生的？既然如此，我还怎么赢得老师喜欢？

是啊！如果我是老师，我也喜欢好学生。如果你是老师，你是不是也这样想呢？好学生，就和好孩子一样到哪里都招人喜欢，这是不争的事实。可是你需要知道的是，这个"好"不只是成绩好，更应该是各个方面的好，包括学习力、社交力、品格、心态、习惯等。

我听说一个学生学习很好，成绩年年都能排进前三名。可是她的生活中只有学习，在家不做家务，全靠父母照顾，在学校也是很少劳动，甚至经常借口不舒服来逃避体育课。

同时，她似乎"学傻了"，缺少必备的思考力和应变力。有一次，父母因为有急事外出，给她 20 元钱让她到门口小饭店吃中饭，并告诉她也

图 8-1　优点与个人魅力

可以到隔壁小区的奶奶家吃饭。

结果中午放学后，她把父母的吩咐抛之脑后，看见家里的门锁着，就蹲在门前等。当时天气非常冷，她在家门口等了一个半小时，然后就饿着肚子去上学了。下午3点多，因为冻感冒了，再加上低血糖，她在课堂上晕倒了。事后，父母和老师都觉得又心疼又可气！

说实在的，这个女孩真的不算是好学生。

所以，你需要发挥出好学生的魅力，如此老师才会特别看好你。记住下面的这些要领，肯定会对你有很多帮助。

第一，你需要做个好学生，发挥对学习的主动性和积极性，而不是被老师推着走，拉着走。当然要做到这一点，你得激发自己对学习的兴趣。无数的事实证明，如果一个学生对学习没兴趣，那么无论课上课下都是消极的，更是从来不会积极努力地学习。

想一想，你的学习积极性很高，成绩数一数二，老师能不喜欢你？

第二，好学生从小就善于独立思考，拥有很强的逻辑力、创造力、想象力。所以你要勤思考，提高自己的思考力，而不是老师说什么你就做什么，只知道傻学傻干。若是这样，即便你再努力也难以成功。

我听过这样一个小故事：物理学家卢瑟福很重视思考。一天深夜，他发现一名学生还在实验室埋头工作，便立即上前询问。

卢瑟福："今天上午你在做什么？"

学生："做实验。"

卢瑟福："那么下午呢？"

学生："做实验。"

卢瑟福："晚上呢？"

学生："也是做实验。"

卢瑟福听完后，大为恼火地训斥学生，说："你一天到晚都在做实验，那你想没想过什么时候用来思考？"

这个学生很努力、很勤奋地做实验，却遭到了老师的训斥。这看似很委屈，很无辜，但实际上他真的不冤枉。一个学生不会思考，又哪里会获得进步和成功呢？所以，没有一个老师会喜欢不思考的学生。

第三，不管是大人还是孩子，想要管住自己，都应该提高自己的自律性，而不是由着自己的性子来。

明明知道应该完成作业，你还是拖延、散漫；明明知道校规规定禁止带手机，你还是偷偷带手机且在课上偷看手机；明明知道该团结同学，却故意与别人发生冲突，甚至欺负别人……你缺乏自律，谁又会喜欢呢？

当然，好学生的魅力还有很多，你应该尽情地发挥自己最独特的魅力。做到了这一点，哪个老师不觉得你可爱呢！

强化你的个人气场，在同学中间扩散吸引力

知道吗？每个人都有气场，就如同磁铁有磁场一般。

磁铁的磁场是由正负极产生，人的气场则由个人的言行举止、品质性格、心态心情形成。

个人气场，说起来似乎有些虚，如果说"个人魅力"，同学们或许就可以了解了。个人魅力就是你的内在品质，就是你的精神名片。你的衣着、行为、言语，是看得见的外在特质，可以增加你的魅力。内在的性

格、信念、态度、德行等特质虽然看不见、摸不着，却是你内心最核心的东西，更是你个人魅力的体现。

通俗地讲，你说话做事的方式，你的性格、心态，你的内在涵养，往往决定着你的个人气场，决定着你对周围小伙伴的吸引力和影响力。

气场不是气势，不是你比小伙伴强大，气场就大，不是你比小伙伴有气势，气场就大。气场是来自你自身的一种内在力量。你不善言辞，但你温柔、善解人意、有爱心、能助人，同学们也会被你吸引。你身材不高，气势不强，但你身上有着自信、乐观、坚强、勇气、独立，身边的人也会感受到你强大的气场。

图8-2　气场

想一想，你身边是不是也有这样的人？

我的身边有许多这样的人，其中一个是我初中时的班长。刚开学不久，他就成为我们班的班长，俨然是班里的领头人。这个班长不是老师指定的，而是我们所有同学推选的。

新生报到第一天，他协助老师帮同学们登记，引领同学们录信息、找班级。一开始我们和大人都以为他是高年级的学长，可事后才知道他只是比别人早来一个小时而已。

他看起来文文静静，可是有自信、有度量。顽劣的男生多次挑衅他，他都不生气，反而想办法劝他们认真学习。他与人说话的时候，始终把微笑挂在脸上，说话温柔却有力量。

你看，自信、乐观、有度量又体贴的孩子，谁都愿意与他交往。

个人气场更多的是来自我们内心的一种感受。有时候，你只是和某个小伙伴说过一次话、碰过一次面就开始喜欢他、信任他。这就是个人气场。

因此，你应该强化你的个人气场，加强在同学间的影响力、吸引力。

你的气场就是吸引力，对于身边的同学来说就是一种魔力，让他们不自觉地喜欢你、受你吸引。当然，除了自信、乐观、温柔、大度、体贴……你还需要做到以下几点：

第一，学会与人合作。

在自然界，大雁是一个独特的群体。它们往往是成群结队地飞行，很少有单个独自飞行的。每年秋天大雁们都要飞到南方去过冬。在遥远的路程中它们要历经无数的困难和危机，而恰恰是因为它们懂得协同作战，才使得每一只大雁都能到达目的地。

其实，在这一点上，我们和大雁并无分别。不管你排在队首还是队尾，合作都是最应该牢记的。

第二，学会谦虚，虚心地向别人学习。

几千年前，孔子告诫自己的学生和众人："人受谏，则圣。"意思是，人们只要虚心地接受别人的劝谏，就会变得聪明起来。

没人愿意接受批评和指责，被批评时心里会不痛快，这是很正常的现象。可是，没有批评，一个人就很难有进步。别人总是捧你、夸你，久而久之你就会认为自己真的没错，就会不断地犯错，甚至犯更多更大的错。

所以，接受批评，这不会有损你的面子，反而体现了你的谦虚和大度，让你的个人气场向周围蔓延，吸引你的小伙伴围绕你。更为重要的是，如此一来你才能不断进步，才能变得更加优秀。不是吗？

第三，你付出爱，也会得到爱。

亲爱的孩子，不要只想着自己，更不要吝啬对别人的关心和帮助。你多为同学着想，多花时间帮助别人，不仅可以解决同学的困难，同时还能收获友谊，以及内心的满足和快乐。

所以说事情不在大小，把关爱传递给同学，你的气场就会强大起来，同时也会获得别人爱的回馈。这就是人们所说的"送人玫瑰，手留余香"！

借助小事"取悦"邻居，成为人见人夸的好孩子

远亲不如近邻。虽然你是孩子，也需要和邻居打好交道。

或许在你的眼里，那些抬头不见低头见的邻居都是陌生的，让你有一种距离感。但是，大多数时候邻里间还是很好相处的，关键在于你是懂事

的好孩子，还是惹是生非的熊孩子。

想想看，你对自己说："我是孩子，别人都应该让着我。""我不高兴了，想怎样就怎样，想发脾气就发脾气，别人管不着。"你会做出怎样的事情？

你认为："这电梯不是我家的，我随便搞个破坏也没什么大不了的。"你的行为会怎样被人评论？

没有人喜欢熊孩子，即便他做的坏事很小，仍会令人厌恶。所以你应该成为一个彬彬有礼、有教养的孩子。

我住的那栋楼有一个13岁的女孩西西，她是一个人见人夸的好孩子。

情商高，会来事。这是邻居们对西西的评价。我也是这样认为的。这个孩子真的天生就情商高，平时见面嘴甜，有礼貌，所以楼上楼下的邻居都认识她，就连另外几个单元的邻居也都知道她。

她还非常有教养，懂得为他人着想。一个周末的上午，我因为有事外出，在电梯里遇到了西西去遛狗，还有楼下邻居带着小女儿去公园玩。小女孩一进电梯就看到了西西家的狗，然后小声说："妈妈，狗狗……"这委屈、怯懦的声音，显示着她对狗的害怕。

听了这话，西西立即抱起狗，然后笑着说："对不起，小妹妹。你是不是害怕狗，我把它抱起来好不好？"

小女孩还是有点害怕，吓得躲进了妈妈的怀抱里。西西没说什么，只见她不断地后退，退到了角落里，然后用衣服把狗遮了起来。电梯到了一楼，西西最后一个出电梯，还笑着和小女孩说再见。

一天晚上7点多，西西在小花园陪一个小男孩等家长等了半个多小时，直到天黑时家长接走了小男孩才回家。原来小男孩爸爸去买菜了，让

图 8-3 "万人迷"的自我修养

他在这里等自己。西西担心小男孩一个人会害怕，便借口和他玩游戏来陪着他。

这些事情虽然很小，却体现了西西的懂事、善良、善解人意。谁不喜欢这样懂事、善解人意的好孩子呢？

所以，你想要人见人爱，就应该向西西学习。你只需要付出你的善意和爱心，并不需要什么社交技巧，就可以"取悦"周围的人们。

第一，多使用礼貌用语。

孩子，你活泼好动、天真烂漫，这都会让你受人欢迎。当然，你还应该讲文明、懂礼貌，做到这一点就会变得人见人夸。

你要多使用"您好、谢谢、请、对不起、没关系"等礼貌用语；上下电梯看到熟悉的邻居时，礼貌地打招呼，问声叔叔阿姨好；看到邻居老奶奶拎着沉重的东西时，主动帮忙拎上楼……如此一来谁还会不喜欢你？

第二，拥有好的言行举止。

不粗鲁莽撞，不张扬舞爪，这只是最基本的言行标准。相反，你若是整天在公众场合大吼大叫、不守规矩、乱发脾气，那么人人都会绕着你走。

俗话说得好，"三岁看大，七岁看老"。良好的言行举止是需要从小开始培养的，所以千万不要因为自己小就可以为所欲为。

第三，遵守公德。

公德，就是你我他在公共场所都应该遵守的道德准则。

如果你注意一下，就不难发现生活中存在着许多类似这样的场景：

在公共场所，大家都非常安静，不大声说笑，不乱扔垃圾；在游乐场所，大家都自觉排队、不插队，不损坏运动器材，不一个人霸占游戏器材；在小区花园里，大家只是欣赏鲜花，从不随手摘花；在公交车上，大家坐在自己的位置上，从不霸占其他位置，也不和同伴打闹；在电梯里，大家都不随意按楼层按钮，不蹦蹦跳跳……

如果你做了与上述相反的事情，违背了这些规矩和原则，就是没有公德心。邻居或其他人看到这样的行为就会摇头，甚至说一声："真没教养。"

这是你想要的吗？如果不是，那就请你注意自己的一言一行，避免做一些无礼无德的事情吧！

第四，行为举止大方得体的孩子才会被人们爱。

孩子，你应该注意自己的行为举止，不要站没站相，坐没坐相，不要走路摇摇晃晃昂；与人说话时不要挠挠耳朵、挖挖鼻子。这真的不讨喜！

你要衣着整洁，仪表端庄，举止文雅，只有这样才容易被人接受，别人才会愿意与你交往。

巧妙征服保安大叔，困难之时得其相助

每个小区都有保安，他们是为业主服务的，也是维护小区安全的。

很多时候，你若是遇到什么困难，或是没带门禁卡，或是拿不动沉重的东西，就需要求助于保安大叔。所以说，你需要修炼自己的"可爱度"，巧妙地征服小区里的保安大叔。

话说回来，都是同龄的孩子，为什么有的孩子就特别招人喜欢？相比之下，有的孩子就不那么招人喜欢，反而让人看见就皱眉？其实，关键在于你是否具有待人接物的基本礼仪。

你是否注意到，不管什么时候，这些孩子不一定是最出色的，也不一定是最善于社交的，但他们总能很好地融入集体，与谁都能够相处得十分融洽。他们个个有礼貌，见到谁都会主动打招呼；他们尊重他人的劳动成果，不随意地破坏保安、清洁人员的劳动成果；他们总是心怀感激，不把别人的帮助当作理所应当；他们的心里没有偏见，从不看不起任何职业的人。

10岁的小女孩巧儿，每次见到小区那些保安、清洁工都主动地打招呼："叔叔好！""叔叔辛苦了！"每次得到保安叔叔的帮助，比如帮她拿个快递、开个门，她都会礼貌地说："谢谢，叔叔，你辛苦了！"

小伙伴们不以为然，对此提出质疑："你干吗那么主动打招呼？""保安

图8-4　赠人玫瑰，手有余香

就是为我们服务的，你整天和他们打招呼，有必要吗?"

巧儿只是笑笑，不反驳，不改变。

其实与人打交道，要的就是将心比心，用真诚换真诚，这是亘古不变的真理。巧儿的懂事有礼征服了保安，个个都对她夸奖不断，还时常对她伸出援助之手。

一次，巧儿家的小狗走丢了。爸爸妈妈急坏了，立即绕着整个小区寻找。半个小时后，巧儿妈妈接到门口保安的电话，说找到了她家的小狗，让他们来门卫房接走。巧儿的爸爸妈妈急忙赶过去，然后连声感谢。最后，巧儿妈妈说:"真是太感谢你了! 不过，你怎么知道它是我们家的。"

那位保安笑着说："我当然知道了，因为你家巧儿时常带着它在小区遛弯。我们几个保安都认识你们一家人，还知道你们养了这只可爱的小狗！"

巧儿妈妈笑着说："原来我们是借了这孩子的光了！"

我时常听大人们给一些孩子这样的评语，"这个孩子真有教养，谈吐不俗。""这个孩子真棒，有素质，还能说会道。"毋庸置疑，得到肯定和赞扬的孩子肯定是受人们欢迎的。

所以，你从现在开始，尝试着和保安打交道，并且用自己的"可爱度"征服他们吧！

第一，不学礼，无以立。这句话你应该记住，并且必须从现在就开始学礼。

在与小区保安相处的过程中，一个简单的"请"字，就可以让对方如沐春风。一个真心的"谢谢"，就能让他们对你印象深刻。你平时讲文明、懂礼貌，目的不是为了获得回报，但实话实说，它却真的可以给你回报。

第二，尊重每个人，无论他是什么职业。

很多时候我们容易被成见或偏见所左右，给某一个人或某一类人定性。

不可否认，人的职业、家庭、身份有所区别，但是人与人是平等的，任何人都值得被尊重。你不能因为保安的职业而看不起他，也不要对他有不好的印象，否则你和那些"势利"的大人还有区别吗？

第三，你应该学会感恩，其实这是人与人之间情感的一种表达。

你学会了感恩，就会珍惜别人的工作成果，就会感激别人的付出，从而与人保持良好的关系。

第四，你要学会关心家人、同学、小伙伴，也需要关心身边人，包括小区保安。

实际上，关心、爱心是一个孩子最宝贵的，然而现在很多孩子因为从小就被娇生惯养，习惯了以自我为中心，习惯了唯我独尊，往往都不懂得关心家人，就更别提身边的"不相关的人"了。

所以，如果你很少关心他人，那就做出改变吧！拿出自己的关心，体谅那些小区保安的辛苦，只要你做到这些，你就更容易赢得他人的喜欢。

走近陌生人，推开社交最难推开的那扇门

你知道椰子吗?

不是你们追捧的那款椰子鞋，而是那个可以吃椰肉、喝椰汁的大坚果。

椰子里面空间又大又软，但是外壳非常坚硬，用刀都很难切开。我们东方人的社交方式就很像这个椰子，很容易和熟人说笑谈天，却不擅长与陌生人打交道，甚至认为自己和陌生人之间存在着坚固且难以打开的一道门。

大部分大人不善于结交陌生人，孩子则是有过之而无不及。你自己是不是也很怕和陌生人打交道? 遇到父母的朋友，因为你从没和他／她见过面，所以不知道如何相处，只能尴尬地问候一下："叔叔／阿姨好!"

刚开学，你进入新教室，碰到新同学，除了微笑点头之外根本不知道说什么，只能找个在角落的位置坐下，看着其他同学有说有笑。

参加某个活动，现场大部分是外班或外校的学生或老师，你感觉十分

不自在，手都不知道放哪里，更别说主动与人接触和展示自我了。

……………

你害怕和陌生人打交道，同时出现过上面的类似情况，那很不幸，你真的很难打开社交的大门。

我知道，和陌生人打交道真的很难，但是不与陌生人打交道，你如何结交新朋友，如何扩大自己的交际圈子？

或许你会说："我又不打算交太多朋友，只是想踏实地学习，有必要认识那么多陌生人吗？"

我可以告诉你，真的有必要。马克·吐温是一个小说家。虽然他每天都会埋头写作，但他不抗拒与陌生人交朋友，并且结交了不少朋友，与朋友相处得也非常好。他曾说一个人唯有善于把陌生人变成自己的朋友并相处得十分有趣味，那才有真正的快乐。

俗话说："一回生，二回熟，三回是朋友。"所有朋友都是从陌生到认识，到熟悉，再到交好，一步步发展起来的。你害怕和陌生人打交道，不

图8-5　你需要的只是一点勇气

敢走近陌生人，从某种程度来说是保护了自己，却也把自己"圈"了起来。长大后，你的工作、生活都可能会遇到阻碍，甚至还可能寸步难行。

自古以来，但凡有所作为的人除了聪明、努力之外，更重要的是有很高的社交力。汉朝的开国之君刘邦，原本只是平民，能力和家庭背景远不如项羽，却凭着出色的社交能力把很多能力强的人吸引到自己身边，最后扫平诸侯，成就了霸业。三国时期卖草鞋的刘备，白手起家，后来结交了张飞、关羽、赵云、诸葛亮等人，最终成就了自己的事业，与孙权、曹操等人分庭抗礼，三分天下。

所以，你一定要明白：社交能力是你必须要掌握的一项重要能力，而它的第一步就是学会更好地与陌生人打交道。

孩子，即便你心有顾忌，也应该鼓励自己主动走近陌生人、你的新同学、你的新老师、你的新邻居，甚至是公共场合的陌生人。

这说起来不难，但你还需要掌握技巧和方式。以下几点建议可以供你参考。

第一，始终保持自信，勇敢地参与社交。你想要走近陌生人，推开社交的这道大门，首先要做到自信、大胆。自信地和对方打招呼，然后介绍自己的优势，那你给人的第一印象就差不了。相反，如果你不自信，与人说话时低着头，介绍自己也磕磕巴巴的，那就很难开启人际关系的"破冰"之旅。

第二，学会找话题，才会不冷场。走近陌生人，你得有话可说，不能问个"你好"后就愣在那里了。这样会让你和对方都很尴尬。

孩子，你得会找话题，比如天气、学习、兴趣爱好、对方服饰、最近的热门话题等都可以作为备选话题。话题有了，谈话展开了，你们不就从陌生到认识了吗？或许你提出的话题好，让对方心情愉悦，还可以快速成为朋友呢！

如果你不知道谈什么，可以先问一个问题，然后剩下的时间就是倾听。当然，问问题也是有技巧的，可以是"我最近数学学习遇到了困难，你有什么好方法吗？""你遇到了什么有趣的事情吗？"这既满足了对方的表现欲，又拉近了彼此之间的距离，不是两全其美吗？

第三，你需要有一颗真诚的心。真正的社交不是为了利用别人，不是为了索取，而是为了合作、互助。你对别人真诚，自然就可以得到信任和认可，成功地交到朋友。你若不真诚，那即便再能说会道、花言巧语，也很难走进别人的心。

所以，你应该记住本杰明·富兰克林的这句话："一个人种下什么，就会收获什么。我们如果真诚地待人，别人也会真诚地对待我们。"你不能待人敷衍，不真诚，否则这些陌生人只会成为你生命中的过客，而不是真心相交的朋友。

第四，既要善于交际，也要善于保护自己。

孩子，我希望你既能善于社交，学会与陌生人打交道，也具有安全意识。在与陌生人接触时，你需要保护好自己，不要过于信任陌生人，尽量避免在陌生环境里单独和陌生人在一起。善于社交的前提，是你要保护好自己。

第9课　如何拯救"少年的你"

——你要善良也要带点儿锋芒，
　坚决不让暴力嚣张

在社交生活中，你会遇到善良的人，但也有可能遇到不善良的人。这个时候，你要做的是不伤害别人，但也不要让自己受到伤害。只有提高自我保护意识，做到不软弱、不委曲求全，做到有原则、有锋芒、有智慧，如此才不会让暴力嚣张。

注意！不是所有孩子都是天真无邪的

"天真无邪"这个词语形容孩子是再合适不过的。然而，人有百种，形形色色。现实生活告诉人们，并不是所有孩子都是天真无邪的，"熊孩子""坏孩子"也是一样存在的。

让我震惊不已的是，那些我们用纯真、可爱等字眼来形容的孩子却说着最恶毒的话，做着最伤人的事情。

还记得那个把 2 岁孩子抱进电梯，然后按下 10 层按钮，最后导致孩子坠楼的男孩吗？

还记得那个把 13 岁女生打到重伤而死的女生吗？

每过一段时间就会有一些关于校园霸凌的事件出现。孩子，或许你很少关注，可是每件事都让人们看得心惊胆战。暴力——扇巴掌、踢打、脱女生衣服、往头上扣垃圾桶，软性暴力——谩骂、嘲笑、孤立……这些行为都出自孩子，也一次次地刷新了人们的底线。

你大概难以想象，那些受欺负的孩子经历了怎样的绝望。你也很难想象，那些霸凌者的心里究竟在想什么。可是不管怎样，那些原本最天真纯洁的孩子却成了伤害同龄人最深的人。

我碰见过一个心思阴暗、以欺负人为乐的孩子小淮，他的"坏心眼"真的让我感觉发怵。小淮是我孩子的同学，刚上 6 年级，只有 12 岁。

一次，学校举行了一场趣味运动会，家长们也被邀请前来观看，为孩子们加油助威。为了增进亲子关系，学校还组织了亲子拔河游戏。游戏开始了，几名家长带着孩子踊跃参加，小淮和他爸爸也参与了拔河游戏。因为实力差距较大，他们很快就输掉了游戏。

所有家长和孩子都笑得很开心，毕竟这只是游戏，玩得就是开心，没有谁会将比赛结果放在心上。可是，小淮显然不这样想。在返回座位的路上，我清楚地看到他伸脚绊了一位家长——这位家长体型高大魁梧，是拔河游戏获胜的关键。

当时我以为他是无心的，看到他得意的表情才知道他是故意为之。事后，我很快就忘记了小淮。几个月后，我家孩子与同学的一次吐槽才让我真正认识到小淮的"坏"。原来拔河之后，小淮时常欺负那位高大家长的孩子，故意撞他，给他取外号，还把垃圾放进他的书桌，甚至还想联合男生一起孤立他。

我家孩子很不解地问同学："这是为什么呢？难道×××得罪过他吗？"

得知这个消息后，我真的惊呆了，立即嘱咐我家孩子离小淮远一些。我不是怕事的人。可是我知道孩子最好和坏心眼的孩子保持适当的距离，这才不会让自己受伤。

有人说，这个世界在阳光的背面还有阴影。同样，这个世界在美好的背面还有丑恶。不是所有孩子都天真无邪，所以你可以保持着自己的善良、阳光，但是心里要提高警惕，远离那些坏孩子。

一些小伙伴看似善良，但是你要记住，一个好孩子不会总是找借口让你帮忙去做他义务之内的事情。

一些孩子看似友好，是你的"好朋友"，可是你要明白，一个好朋友

图 9-1 并非所有孩子都是"天使"

不会只索取，永远都让你付出。你的一次付出、两次付出、三次付出……还是满足不了他，这个时候，他却反咬一口说你这不好那不好。

一些孩子看似大方开朗，却总是开着过分的玩笑。你或其他同学一出错，就属他笑得最开心，甚至还会怂恿其他人一起嘲笑你。

一些孩子看似无害，可是一旦你不小心得罪了他，他便记恨在心，开始想办法排挤你、欺负你，甚至打你、骂你……

所以，亲爱的孩子，你要学会让自己有些锋芒，这不是让你不善良，

而是让你拥有一种自保的智慧。

第一，你要先学会自爱，再学会善良。你要知道，善良没错，全心全意地对待身边的每个小伙伴也没错，可是你若不爱自己，受了委屈不说，受了欺负不反抗，那就是助长了恶，也容易让自己成为无辜的受害者。

学会自爱，对于你来说是了不起的事情。你不委屈自己，那就没有人能让你受委屈。你不自欺，那就没人能欺负你。

第二，不要把坏孩子单纯地看成是"熊孩子"，更不要因此多了一分善良，而少了一分警惕。任性一点，自私一点，骄纵一点，顽劣一点，这就是熊孩子。熊孩子只是个性存在问题，他们的行为是出格的，心智是不成熟的，可绝大部分人的本性不是坏的。

但是，如果一个孩子小小年纪却心思不纯，以欺负小伙伴为乐，在伤害他人的过程中寻找快感，明知欺负人不对，明知会让小伙伴受伤却故意为之，这不是"熊孩子"，而是明显的坏。"熊孩子"和坏孩子，往往只是一线之隔。

第三，人性中的残忍是无法消除的，但是可以预防和禁锢。孩子，如果你遇到了坏孩子，你不要退缩、委曲求全，这只会让对方的恶意更加蔓延和膨胀，然后把这些恶意都发泄在你的身上。

所以，你应该让自己变得勇敢坚强，坚决不让暴力和霸凌嚣张。只有这样你才可以保护自己不受伤害。

你不能欺负我！——孩子，别软弱

每个孩子都会遇到几个坏孩子，他们总是爱欺负自己，好像这是他们唯一的乐趣。

可是你知道吗，孩子？没有谁生来就是霸凌者或是受欺负者。

如果你是前者，那么请你立即停止伤害别人，学会爱他人、爱小伙伴。如果你是后者，那么请你别软弱，学会勇敢和坚强！

从某种程度上说，霸凌者的行为往往具有持久性和习惯性。一旦你不勇敢、太软弱，就会被贴上"好欺负"的标签。可是，如果你第一时间反击，勇敢地保护自己，那么就会让霸凌者感受到"你不好惹"。只要接收

图9-2　反对校园霸凌

到这样的信息，绝大部分坏孩子就会停止霸凌行为，最起码也会对你有所忌惮。

那么，现在你需要确认一个问题：如何判断自己是真的受到了霸凌和欺负。

一位心理学家曾经说过："任何侵略性的、反复的，存在不平等力量关系的行为，都是霸凌行为。"比如一些孩子的行为是恶意的，虽然没有打你、骂你，但是带领别人给你起恶意的外号，故意拿走你的文具，领头孤立和嘲笑你……这就是霸凌。

一位小哥哥曾经在小学时期遭受过霸凌。当时他性格内向，不爱与人说话，在同学眼中这却成了他"讨人厌"的理由。

一些坏同学开始欺负他，故意拿走他的铅笔，一边看着他焦急地寻找，一边在一旁哈哈大笑；趁他不在座位时，把墨水放进他的水杯，还用力地摇晃；把他关在厕所里，害得他上课迟到；只要老师让他回答问题，那几个坏孩子就偷偷地笑……这些情况持续了一两年，一直到小哥哥毕业。

或许有同学问了，小哥哥为什么不反抗？

他是想过反抗，但因为生性太内向、软弱，以至于一次次自己否决自己，一次次放弃。他始终安慰自己："惹不起躲得起，我只要躲着他们就好了。"可是真的好了吗？相反，小哥哥的软弱助长了坏孩子的气焰，让他们变本加厉。

老人讲过一句俗话："那个人长了一副受欺负的相。"什么是受欺负的相？之前我不知道，可是听了这个小哥哥的故事，我知道了。大概就是性格内向、孤僻，做什么事情都小心翼翼，受了委屈也不敢说出来，被欺负了就缩小身体、眼神惶恐。

对于小哥哥来说，逃避就是应付的唯一方法。于是他总是对自己说："再忍忍吧！忍忍就过去了！"殊不知，人是欺软怕硬的，他越是退让、逃避，霸凌者就越认为他好欺负。他们会这样想："反正你什么也不说，反正你也不敢反抗，那我还怕什么呢？"

所以说同学，现在你知道该怎么办了吗？是的，努力让自己变勇敢，爱自己，保护自己，这才是最好的选择。

第一，勇敢地直面霸凌者，给予反抗。孩子，你受欺负了，第一反应真的很重要。怀有恶意的孩子，往往喜欢欺负那些软弱、怯懦的人。回想一下，面对霸凌你是不是总低着头，不敢看对方，或是双手抱在胸前，双腿颤抖，急切地想跑……

这些都给了霸凌者一个信号：你惧怕他！

当霸凌者收到这个信号时，内心是兴奋、雀跃的——他们霸凌弱小者，就是想要获得这种快感，进而兴致勃勃地以欺负弱者为乐。

可若是第一次你就勇敢地直视对方，挺胸抬头，并且大声地警告对方："你不能欺负我！""我不怕你！你再欺负我，我绝对会反击！""你凭什么打我？再打我，我会告诉老师 / 家长！"他就会明白你不是那么好欺负，然后就不会轻举妄动。

第二，勇敢地说出来，让老师或家长知晓。孩子，被欺负并不代表你软弱，更不代表你是失败者，所以你不要觉得丢脸而不敢或不好意思告诉他人。

或许因为自尊心太强，很多男孩认为被欺负就是丢脸的行为，所以即便霸凌者再过分，他们也不肯告诉大人或老师。然而，这是错误的行为，只能助长霸凌者的气焰。可是如果你把委屈说出来，把坏孩子的坏行为说出来，不仅可以得到别人的支持和帮助，还可以让自己变得有信心和勇气。

第三，如果语言制止不了霸凌行为，你就一定要反击。即便对方身材比你高大，即便对方是一群人，你也不能怯懦。只要你敢反击，对方就会有所忌惮。

当然，反击的时候一定要保护好自己的安全，切不可明知是以卵击石仍然逞强。学会有策略地反击才是对自己最好的保护。

第四，你需要认识一些新朋友。原因很简单，那些容易被欺负的孩子往往都是性格内向、孤僻的。因为他们很少和小伙伴交流，喜欢一个人独来独往，所以才容易被人嘲笑、看不起，最后沦为被欺负的那一个。相反，你尝试着多交朋友，获得了好的人缘，那谁又能欺负你呢？

如果你不愿意，那就不可以！

正视他人，表达情绪，拒绝，如果你不愿意做这三件事情，那说明你这个人很自卑、懦弱。或许你不赞同我的说法，没关系，你可以先回答我几个问题。

某个同学拿了你的新铅笔或是新本子，你是不是不敢要回，担心要回的话同学就会说你小气，失去了这个朋友？

某个同学让你选她做班长，你当时很想说"不"，可是又不敢表达自己的想法？

几个坏孩子总是欺负你，让你给零花钱、买东西，或是替他们值日、劳动，哪怕你心里一直呐喊着"我不要"，嘴上却还是说着"好吧"？

…………

讲真，谁都可能不善于拒绝。可若是你的内心非常渴望表达自己，却总是因为种种原因不敢表达。哪怕有时自己不快乐，也不敢说一句拒绝的话；哪怕有时自己不愿意，也不敢有一点异议，这问题就严重了。

其实，这是一种病态心理，源自你内心的自卑。因为自卑，所以你想在别人身上找认同感，想通过讨好来赢得他人的关注或喜欢。说到底，你很胆小、敏感，与其说你害怕被欺负，不如说你更害怕被忽略、被遗弃。正因为如此，你很容易沦为被欺负的对象。

图9-3 学会拒绝

初中时我有一个关系不错的同学。平时我们总是一起回家，这样可以彼此做个伴。要知道，当时我们刚刚"长大"，找个伴上下学是给自己安全感的最好方法。很多同学会有固定的小伙伴，我和这个同学也不例外。

初二时，我去了实验班。虽然我们已经不在一个班级，还是一起回家。有一天我在校门口等了许久都没见她下楼，就到教室找她，看见她一个人正在打扫卫生。

她说今天原本不该她值日，可是同学让她帮忙，她没好意思拒绝。

我不解地问："怎么就你一个人？其他人呢？"

她苦笑着说："她们约好一起看书，就先走了……"

我愣住了，好半天才反应过来，说："这不是明显欺负你吗？你为什么不拒绝？"

她摇摇头说："算了吧！反正我也没什么事情。只是很抱歉，让你等了好半天。"

我感到很无奈，说："你这样任人欺负，以后不会有好果子吃！"

的确，我说对了。这不是第一次，当然也不是最后一次。之后，这个同学时常失约，理由不是帮同学值日，就是帮同学写作业。

相对于总被人欺负，还有一种情况更可悲，那就是总忍受欺负，什么也不敢做。深究起来，这种人习惯性地否定自己，极度不自信。面对他人的各种要求甚至是欺负，他们再委屈也不敢说一句话，甚至自认为："我是在助人为乐。""我是好人。"

我一直觉得每个孩子都应该善良，应该学会帮助小伙伴。但是很多时候，你不能把自己看得太低了。你自己都看低自己，觉得受委屈没什么大不了，那么别人还会在乎你吗？

其实，你可以有千万个理由说"不"。只要你愿意，就可以理直气壮地维护自己的权益。不要担心没有朋友。事实上，那些想占你便宜、欺负你的孩子，很难成为你的朋友。你再帮助他、讨好他，在他心里也是把你当作"好欺负的傻瓜"。同时，不要担心得罪人，他们真的不在乎少了你这个"不值得交"的朋友，那你还担心什么呢？

孩子，你需要学会成长，懂得拒绝，而不是一味地委屈自己。如果你从小就不懂得拒绝，那么长大后的生活也很难如意。当然，你或许不知道怎么办，没关系，我可以给你几点建议。

第一，你要学会拒绝别人的无理要求。我们总是说会哭的孩子有糖吃，这个道理一点儿都不假。我今天还要告诉你一个道理，就是会拒绝的孩子才快乐。

我知道你的内心其实也很矛盾，可你需要明白一点，不拒绝，最受伤的永远是你自己。久而久之，你就会失去拒绝权，陷入进退两难的境地——在不知不觉中失去自我，同时还不可能获得友谊。

第二，培养自己说"不"的能力。孩子，对于你不愿意做的事情，只管大胆地拒绝；对于让你不舒服的事情，只管直接说出自己的感受，勇敢地表达自己的情绪。你越是懂得表达自我就会越自信，而不是只有依赖他人才能看到自我价值。

第三，没有谁可以用道德绑架你，让你一味地奉献。也许你会说，大人整天教育我们要乐于助人，我不帮忙是不是很没人情味？孩子，你可以给予同学或小伙伴正常的帮忙，这是你善良、友爱的体现。可若是别人总是要求你帮忙，甚至借着这个理由欺负你，那你就没必要再"奉献"自己了。

这个世界谁也不欠你,你也不欠任何人——更何况是那些不怀善心的孩子。你只有勇敢地说出"我不愿意",才能让自己的善良有个好的归宿,并且不再受欺负。

孩子,你的善良不该被利用

"人之初,性本善。"善良是一个人的天性,也是生而为人的原则。

善良,是善待他人,乐于助人,不怀恶意。每个孩子都应该有善良的好品质,做一个人美心善的少年。可是,你的善良应该有锋芒,有智慧,而不是随意地被人"套路"。

你的善良带有锋芒,不因善良而委屈自己,甚至让自己吃亏,那就是

图9-4 别被自己的"善良"压垮

好的行为。你的善良充满智慧,正确地助人帮人,而不是被"精明"的人"套路",或是被坏人的圈套愚弄甚至迫害,那就是一种高级的助人智慧。

孩子,你年纪小,没那么多心机。可是我一定要告诉你,善良是好,但千万不能无原则,更不能无选择、无分辨。你待人的原则强一些,行事高智商一些,真遇到了事儿就可以既行了善又保护了自己。

我的朋友小易是一位心地善良的小姐姐,看到谁有困难都主动帮忙。小易的大学同学小灵开店,人手不够用。恰巧那段时间小易因为身体不适在家休息,小灵便请她帮几天忙。

小易没有多想就答应了,毕竟人人都有需要帮助的时候。那几天她早出晚归,自己掏车费、掏饭钱,一整天都在小灵店里忙碌着,虽然累,却没有一句怨言。到后来,小易身体实在吃不消了,只好委婉地和小灵表示不能去帮忙了。谁知小灵竟然生气地说:"你不来,我怎么办?你怎么这么不负责,竟然半路撂挑子?!""你是要钱吗?说,要多少?"

小易听了这话,真是一肚子苦水没处倒。

我想说的是,不是善良不好,而是小易的方式不对。其实,她去做事之前,我曾经提醒过她,但是她却坚持去帮忙,最后弄得自己身心受伤。

孩子,我希望你心怀善良,但是不希望你受伤。

如我之前所说,你要乐于助人,也要懂得拒绝。拒绝那些用你的善良"套路"你的人,不给他们欺负你的机会。

你要贡献自己的爱心,也要保护好自己。马路旁搀扶老人过马路也好,扶起摔倒的老人也好,给陌生人带路也好……你可以帮助他人渡过难关,但也要学会保护自己,不能让有恶意的人"碰瓷"。

学生扶老人,反被指认是"肇事者",类似的事情不少;学生给陌生

人带路，反被绑上了车，这样的事情也不少；学生好心帮助人，却被性侵、伤害，这样的事情也多有发生……

孩子，我真的不希望你的善良被利用，更不希望你因为善良而受到一点点的伤害。

所以，你需要多一分谨慎，多一些锋芒，多一些自我保护意识，这样你才不会因为善良而受到伤害。

第一，你心地善良，但是也要有所为有所不为。你要有爱心、有助人之心，并且做到不求回报，同时你也要守住自己的原则，多帮应该帮的人，远离不应该帮的人。

如果你受到了伤害，就一定要让自己"厉害"起来，大胆地反击，而不是委曲求全。明知对方欺负你、套路你，你却坚持对人家好，那不是善良而是傻。

第二，善良被利用，是这个世界最大的悲哀。孩子，你需要有独立思考的能力和分辨好人与坏人的能力，正确地做事，正确地行善。

你一定要理性地对待一些人和事，知道什么人可以无私地帮助，什么人需要警惕和提防。这不是虚伪，而是一种智慧。

第三，善良是一种天性，是一种良知，是你与人相处应该遵守的准则。但是善良不应该成为你价值观的桎梏。很多时候就算你拒绝帮助别人，也没有对不起谁。因为拒绝是你的权利，帮助他人也不是你的义务。

艾默生说："你的善良，必须有点锋芒，否则等于零。"亲爱的孩子，善良的人从来都不是没有原则、没有界限、没有智慧的，所以你得有锋芒，坚决不让自己受伤。

当你遭遇霸凌，如何展开自救

校园霸凌，离你很远吗？

不！

霸凌者就在我们身边，每个孩子都有可能遭受过霸凌。你很可能遭遇过欺负，而且被欺负得很惨，可能是上学放学途中，可能是课间休息、体育课，也可能是午休时间。但不管怎样，霸凌者选择的地点通常是僻静之地，比如厕所、楼角、墙根等。

其实，霸凌者的内心很脆弱。如果你很厉害，他立即就怂了。可你若是怂了，他就更加厉害起来。换句话说，霸凌者的内心有一个关系模式：强大的可以欺负弱小的，而弱小的就可以任意被欺辱。

面对霸凌时，你是沉默，还是自救呢？来看看选择前者的人吧！

在《少年的你》里，胡小蝶是最脆弱的一个。她选择了隐忍，不和家长说，也不和老师说。即便椅子上被泼了墨水，她也默默地坐下去；即便在厕所被打，她也默默地忍受。最后，她选择了自杀，结束了自己的生命。死的勇气都有，可是她没有自救的勇气。因为她太软弱、太孤独了。这个选择，多么悲哀！

压死被霸凌者的最后一根稻草，往往不是身体的伤痛，而是你内心深处的放弃——不知自救，不敢勇敢。

另一个女孩则选择了后者。她也是被霸凌者。只因为是转校生，只因为是混血儿，她就成了被同学们欺凌的对象。这一切来得莫名其妙，被关在厕所，被泼垃圾和脏水，被语言侮辱……

即便求助于老师和学校，她依旧没能被救，反而遭到变本加厉的欺凌。为此她只能自救，努力让自己变得强大起来。她带上了拳套，学习打拳和跆拳道，用强壮身心来进行自我保护。渐渐地，她不再软弱，而是变得更强大、自信和乐观，所以也不再遭受欺凌。

多年后她成了一名优秀的格斗拳手，获得了格斗比赛冠军。那时她在镜子里看到了当年备受欺凌的自己，然后对自己说："你不想办法自救，不

图 9-5　勇敢是面对霸凌最好的武器

想办法让自己变得强大，如何成为最好的自己？"

看到了吧，一样的遭遇，不一样的选择，人生自然会有天壤之别。不是吗？

很多时候，你莫名其妙地成为被欺凌者。我知道，你会感到无助、彷徨、害怕，甚至绝望，或许还可能陷入恐惧、抑郁、焦虑的情绪。然而你不能关闭了自救的大门，因为这是你唯一的出路。

不管任何时候，霸凌都不会因为你的沉默、退让而消失，它永远是一个恶循环——你越是沉默、忍受，它就来得越猛烈。所以，你需要学会自信和勇敢，积极寻找自救的方法。如果你不知道如何去做，就请记住我说的下面这几点建议。

第一，提高情商，控制好自己的情绪。只有这样，你才能理性地应对霸凌。有人欺凌你，首先你要想办法远离，尽量保持冷静沉默。即便你的内心有不安和害怕，也不要表现出来，然后用坚定有力的声音制止对方的霸凌言行。

控制好情绪后，你需要运用正确的身体语言，比如挺胸抬头、直视前方、双脚站立、双手放两侧，同时告诉自己："我很自信，我不害怕。"

第二，机智地曝光霸凌者的恶行，寻找更多人的帮助。你可以向老师、家长、身边的同学、要好的朋友寻求帮助。

你要知道，任何坏人都没有在大众面前为所欲为的资本和胆量，更何况是十几岁的坏孩子？如果你正在遭遇霸凌，应该赶紧离开现场，或是向别人求助，比如通过和人打招呼、大声说话等形式引起他人注意。事后，你一定要向老师、家长、学校曝光霸凌者的行为，让他知道你并不会选择默默忍受。

第三，绝大多数被霸凌者都是没有朋友的，因为性格内向、孤僻，受欺负时也是孤立无援的。所以，即便是你性格内向，也应该多交朋友，多和同龄人交往。

晓琳来自单亲家庭，从小没妈妈，经常穿着很脏的衣服。最重要的是她不爱说话，不爱交朋友。于是一些孩子就开始欺负她，藏她的水杯，撕她的作业本，甚至还把她拉进男厕所……

结果这个孤单的女孩转学了。直到她的座位空了一个星期，同学们才发现她不见了。知道这个消息后，只有少数几个同学感到惊讶，可是什么也没问。因为她不曾与任何人交好，自然也就没人在意和在乎她。

第四，大部分受霸凌的孩子都是身材瘦弱的，所以你需要加强锻炼，努力让自己变得更强壮。你还可以学习跆拳道、散打之类的防身术，这些项目不仅可以让你更强壮，还可以让你获得自信和勇气。

自信和勇气，就是你敢于自救的关键。

警察和法律，会永远和你站在一起！

在校园霸凌中，每一个受害者似乎都认为自己是无助的。身边的同学，一群人是少数，是欺负自己的罪魁祸首，另一群人是大多数，却只是冷眼旁观者。

于是，受害者一开始会自救，大声反抗，向同学求助……没效果，他开始沉默，忍耐，直到忍无可忍，便选择了两个极端中的一个：一是辍学、转学，甚至用结束自己的生命来逃避；一是以暴制暴，结果酿成了不可挽回的大错。

　　悲哀的是，他用极端的方式逃离了校园霸凌，却永远也逃离不了霸凌所造成的伤害——不管是身体上还是心灵上，更甚者是自由和人生！

　　我上初中时有一个校友小闵。他是一个很普通的男生，从小就被人说是"不是爸妈亲生的"。这个消息开始只是在大人们口中传播，后来变成了学校里的闲话。所以小闵一直都很自卑，从不和任何人说话。

　　小闵成了被霸凌的对象，平时说话做事唯唯诺诺，学习更是一塌糊

图9-6　警察与法律会永远和你站在一起

涂。当时，我不明白他为什么会被欺负，更不明白他为什么不反抗。在无数次被欺负后，小闵选择了逃避——转学。我们都以为他会开始新的生活，可是两年后我在新闻里看到了小闵——他刺伤了同班同学，导致几人轻伤一人重伤，被警察羁押了。

原来到了新学校，小闵依旧被欺负，而且更严重了。有几个同学时常唤他去厕所，打他、骂他，还羞辱他。这几个同学还时常逼迫小闵买东西，抢他的钱，甚至逼着他从家里拿钱。

有一天这几个同学又开始欺负小闵。他不知道怎么就反抗了，与他们扭打起来。混乱中，他抢过其中一人用来威胁他的折叠刀开始反击……小闵是受害者，却变成了伤人者，还因为伤人付出了惨痛的代价。

有的同学会说："小闵实在太可怜！他的行为是自卫，只是自卫过当了！"没错，你说得都对！可是，难道这不是可以避免的吗？

亲爱的孩子，你不觉得小闵的两次选择都是错误的吗？第一次，他忍无可忍，选择了逃避。可是逃避能解决问题吗？显然不能！在新的学校，他再次遭遇了霸凌，再次成为受害者。第二次，他的选择更是错误的！因为冲动，他毁掉了自己的人生。

所以，如果你遭遇了霸凌，千万不要做出错误的选择。当自救和求助都无效的时候，你还可以向警察和法律求助。请记住，警察和法律永远都和你站在一起。相信以下几点建议可以帮到你。

第一，如果你被打骂和侮辱，可以选择报警。首先，警察可以保护你的人身安全。其次这可以给霸凌者威慑，让他不再敢轻易地欺负你。

第二，对于每个孩子来说，法律是最好的保护伞。虽然针对霸凌或欺凌，我们国家未有确切的法律条款，但是我们有《未成年人保护法》，可以保证未成年的你身心不受伤害。

　　我国《刑法》涉及侮辱罪。只要霸凌者贬损你的人格，情节严重，即便他是未成年人也会受到法律的处罚。还有相关的法律法规规定，欺凌者殴打他人、猥亵他人，即便不满 14 周岁也会被拘留。

　　第三，你要保护好自己，但不能太冲动，以免做出触犯法律的事情，否则受伤害的依旧是你自己。到那时，即便是后悔也晚了。

　　总之，如果你是校园霸凌的受害者，就一定要学会用法律的武器保护自己。

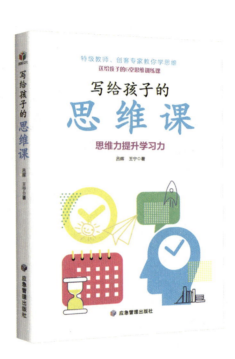

作者：吕晖　　王宁

ISBN：978-7-5020-8968-9

定价：49.80 元

作者：徐俊　边铁

ISBN：978-7-5020-7777-8

定价：42.80 元

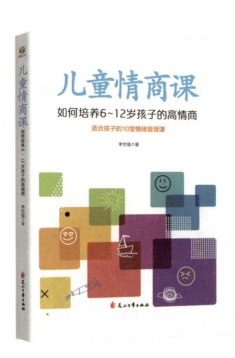

作者：李世强

ISBN：978-7-5511-5656-1

定价：42.80 元

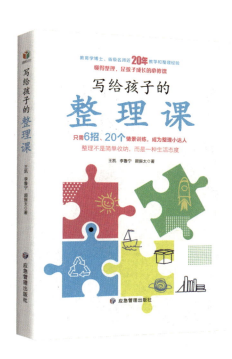

作者：王凯　李鲁宁　顾振太

ISBN：978-7-5020-7989-5

定价：48.00 元

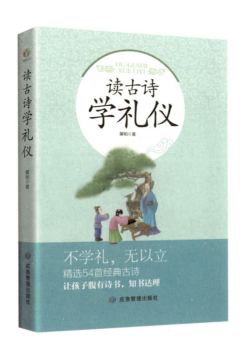

作者：黛帕

ISBN：978-7-5020-7956-7

定价：48.00 元